跨文化视域下
英语翻译的解读

欧敏鸿　　著

天津出版传媒集团
天津科学技术出版社

图书在版编目（CIP）数据

跨文化视域下英语翻译的解读 / 欧敏鸿著. -- 天津：天津科学技术出版社，2020.5

ISBN 978-7-5576-8233-0

Ⅰ. ①跨… Ⅱ. ①欧… Ⅲ. ①英语－翻译－研究 Ⅳ. ①H315.9

中国版本图书馆 CIP 数据核字(2020)第 112783 号

跨文化视域下英语翻译的解读

KUAWENHUA SHIYUXIA YINGYU FANYI DE JIEDU

责任编辑： 陶 雨

出版： 天津出版传媒集团 / 天津科学技术出版社

地址：天津市西康路 35 号

邮编：300051

电话：（022）23332400

网址：www.tjkjcbs.com.cn

发行：新华书店经销

印刷：北京宝莲鸿图科技有限公司

开本 787×1092 1/16 印张 10.25 字数 230 000

2021 年 4 月第 1 版第 1 次印刷

定价：58.00 元

前　言

语言是文化的载体，是文化的重要组成部分，文化要通过语言来交流和传承，语言只能依附于某种特定的文化而存在。

讨论翻译必须探讨语言与文化的关系，必须研究不同文化之间的差异，既然任何语言文本都不可能脱离文化背景而存在，翻译必然不仅和语言有关，也和文化有关。从本质上看，翻译是以一种语言为载体的文化内涵转换为另一种文化形式的广义的文化翻译。因此，翻译可以视为一种跨文化交际的行为，是不同国度、不同种族或不同文化背景下的人们之间进行的交流与交往。

随着我国和世界其他各国在越来越多的领域中联系日益密切，跨文化视域下的英语翻译活动也日益增多。由于和外国人在思维和表达方式上的不同，以至于在翻译时常出现一些问题不管采取何种方式处理这些问题，都要先有跨文化意识。通过总结现实生活和翻译实践中的种种文化现象可以发现，跨文化意识在促进双方沟通交流方面起着越来越重要的作用。

本书论述了英语翻译的发展，文化环境与英汉翻译，跨文化视域下的英汉词汇、语句、语篇、修辞翻译策略以及其他各方面文化的差异与翻译，参阅了大量相关文献和资料的基础上，总结出英汉文化差异背景下的翻译技巧，旨在推进我国对英语翻译理论与跨文化交际理论研究的进程，同时为翻译工作者、英语学习者和相关工作人员提供一定的参考。

本书在写作和修改过程中，查阅和引用了书籍以及期刊等相关资料，在此谨向本书所引用资料的作者表示诚挚的感谢。由于水平有限，书中难免出现纰漏，恳请读者同仁和专家学者批评指正。

目　录

第一章　英语翻译概述

第一节　英语翻译的性质与分类

一、翻译的定义

随着经济全球化进程的不断加快，国与国之间的交流日益频繁，翻译作为交际的媒介和信息转换的手段，其重要性也日益凸显。事实上，自翻译活动诞生以来，人们对翻译的各种研究就没有停止过。本章作为开篇章，先对翻译的各种基础知识进行介绍，包括翻译的定义与分类等，以帮助读者对翻译活动有一个整体上的把握和认知。

翻译工作至今已经走过了千百年的历程。可以说，无论在东方还是西方，翻译工作都源远流长、历史悠久。但对于到底什么是翻译的问题，学界一直众说纷纭。下面从国内和国外两个视角来看一下不同学者对翻译的界定。

（一）国外具有代表性的翻译定义

（1）英国18世纪著名学者塞缪尔·约翰逊认为，翻译就是将一种语言换成另一种语言，并保持原文意思不变。

（2）美国翻译理论家尤金·奈达认为，所谓翻译，是指从语义到文体，在译语中用最接近、最自然的对等语再现源语的信息。这是国外比较有代表性的翻译定义。

（3）杜波斯认为，翻译是把第一种语言（源语）语篇所表达的东西用第二种语言（目的语）重新表达出来，尽量保持语义与语体方面的等值。

（4）英国著名语言学家和翻译理论家卡特福德认为，翻译是一种语言（源语）的话语材料被另一种语言（目标语）中的对等的话语材料替代卡特福德认为，翻译主要有两种存在状态：一是源语，即译出语；二是目标语，即译入语。

（5）皮特·纽马克认为，翻译就是把一个文本的意义按原作者所意想的方式移入另一种文字。

（6）韦努提认为，翻译是译者依靠解释所提供的目的语中的能指链替代构成源语文本的能指链的过程。韦努提一反传统的“对等”角度的定义，否定了结构主义信奉的所指与能指或自荐的对应关系，认为能指和所指是可以分裂的，符号与意义之间是不一致的，因此文本意义具有不确定性。在韦努提看来，翻译只是用一种表层结构代替另一种表层结构。

（7）吉迪恩·图里认为，在任何情况下，译文都表现为或被认为是目的语文化中的一种目的语文本。这一定义提出了目的语文化，并使翻译研究的范畴从语言层面向文化层面拓展。

（8）苏联语言学派翻译理论家费道罗夫认为，翻译就是用一种语言把另一种语言在内容与形式不可分割的统一中所业已表达出来的东西准确而完全地表达出来。

（9）苏联翻译家巴尔胡达罗夫认为，翻译是把一种语言的言语产物在保持内容方面（也就是意义）不变的情况下改变为另外一种语言的言语产物的过程。

（10）马尔科姆·考利认为，翻译是一种用其他语言为不同背景的读者提供创作的艺术。

（11）让·萨格认为，翻译是由外力激发，以信息科技为依托，随交际方式的变化而变化的一种产业活动。这一定义进一步扩大了翻译的外延，将翻译视为一种产业活动，其动力来自外部，并以信息科技为辅助手段。

（12）威尔斯给翻译下的定义是，翻译是从源语言文本到目的语言文本，两者尽可能接近等值，并且对源文本的风格和内容提前理解。

（13）克里斯蒂安·诺德将翻译定义为翻译产生于目标语文本，并且和源语言文本有一定的关联，源语言文本是根据目标语文本的预期和要求设定的。

（14）弗米尔认为，翻译是一种信息模仿过程，“翻译是用 Z 语言模仿 A 文化的 A 语言所提供的信息来提供信息，以实现所希望实现的功能。翻译不是通过换码的方式把词语或句子从一种语言转换成另一种语言，而是某人在新的功能、文化和语言等条件下，在新的环境中，通过尽可能模仿原文的形式特点来提供某文本信息的复杂活动”。

（二）国内较有代表性的翻译定义

（1）茅盾认为，文学翻译是用一种语言把原作的艺术意境传达出来，使读者在读译文的时候能够像读原作一样获得启发、感动和美的感受。

（2）吕俊认为，翻译是一种跨文化的信息交流与交换活动，其本质是传播，是传播学中一个有特殊性质的领域。

（3）林煌天认为，翻译是语言活动的重要组成部分，是指把一种语言或语言变体的内容变为另一种语言或语言变体的过程或结果，或者是把一种语言材料构成的文本用另一种语言准确而完整地再现出来。

（4）沈苏儒认为，翻译是把具有某一文化背景的发送者用某种语言（文字）所表达的内容尽可能充分、有效地传达给使用另一种语言（文字）、具有另一种文化背景的接受者。

（5）王克非认为，翻译是将一种语言文字所蕴含的意思用另一种语言文字表达出来的文化活动。

（6）孙致礼认为，翻译是把一种语言表达的意义用另一种语言传达出来，以达到沟通思想情感、传播文化知识、促进社会文明、推动译语文化兴旺昌盛的目的。

（7）林汉达认为，正确的翻译就是尽可能地按照汉语的习惯，忠实地表达原文的意思。

（8）王以铸认为，好的翻译绝不是把原文的一字一句硬搬过来，而是要传达原文的神韵。

（9）范仲英认为，翻译是人类在思想交流过程中沟通不同语言的桥梁，能使通晓不同语言的人通过原文的重新表达而进行思想交流。翻译是把一种语言（源语）的信息用另一种语言（译语）表达出来，使译文读者感受到原文作者所表达的思想，获得与原文读者大致相同的感受。

（10）谭载喜认为，翻译是把一种语言文字的意义用另一种语言文字表达出来的过程，它主要是一门技术，也具有艺术特征，如创造性特征，但绝不是科学。谭载喜主要强调了翻译的技术性和艺术性。

（11）张培基认为，翻译是运用一种语言把另一种语言所表达的思想内容准确而完整地重新表达出来的语言活动。

（12）许钧认为，翻译是以符号转换为手段、意义再生为任务的一项跨文化交际活动。

以上介绍了国内外学者对翻译的各种见仁见智的定义。无论国外学者还是中国学者都将翻译视作一种文字之间的转换活动。这种转换过程主要包括以下特征：第一，在信息和风格上，力求使翻译作品与原语言作品等值；第二，这种等值应是尽可能地接近，而不是机械地生搬硬套，即一味追求形式上的对等，从而牺牲某些更重要的东西；第三，要注意不同体裁的作品在各个方面的诸多不同，不能千篇一律，也就是要注意各种文体在个性上的差别。

还需要注意的是，在翻译这一转换过程中，译者的任务只是转换文字而不是改变其意思。翻译有两个要素：准确性和表达性。准确性是翻译的首要条件，即译者必须谨慎地遵循原作者的意思，所选用的字词和句式结构必须如实地传达原文的思想。表达性是为了让译文易于理解，也就是说，译者必须尽可能地将原文的思想清楚有力地表达出来。准确性使译文的思想明确无误，表达性则使译文生动而有魅力。

二、翻译的性质

翻译是什么？不同的人对此问题有不同的看法不同的看法会产生不同的翻译方法和策略。先来看看持不同翻译观的学者是如何解释翻译的。

语言学翻译观可分为传统型和当代型两种。传统型语言学翻译观以 19 世纪以来的传统语言学理论为基础研究翻译问题。英国的语言学家卡特福德认为，“翻译是一项对语言进行操作的工作，即用一种语言中的文本来替代另一种语言的文本的过程”苏联语言学家巴尔胡达罗夫则认为，“翻译是把一种语言的连贯性话语在保持其内容（意义）的情况下改变为另一种语言的连贯性话语的过程”。

当代语言学翻译观主要受当代语言学的影响，把研究的观点从语言本身扩展到交际语境、语域、语用等领域，认为翻译是一种交际活动从语言的功能和交际的角度来研究翻译，一般注重的是翻译信息而不是文字，目的是与接受者沟通。在西方翻译理论上，持交际翻译观的代表人物是尤金·奈达。奈达认为，“翻译就是在译入语中再现与原语的信息最切近的自然对等物，首先是就意义而言，其次是就文体而言”。这条定义常常被人引用奈达认为，理想的译文应该由读者的反应来衡量，即译文读者对译文的反应应该与原文读者对原文的反应大致相同我国著名翻译理论家刘宓庆则认为，“翻译的实质是语际的意义转换”蔡毅也认为翻译的定义应该是“将一种语言传达的信息用另一种语言传达出来”。

文艺学翻译规则从文艺学的角度来解释翻译，认为翻译是艺术创作的一种形式，强调语言的创造功能，讲究译品的艺术效果。巴斯纳奈特、兰伯特、乐弗维尔等人是典型的文艺学派，他们认为，“翻译就是对原文重新摆布”。在我国，持文艺学翻译观的人也很多。例如，傅雷的“神似说”和钱钟书的“化境说”傅雷认为，“以效果而论，翻译应当像临画一样，所求的不在形似而在神似”钱钟书在《林纾的翻译》一文中则提出：“文学翻译的最高理想可以说是‘化’把作品从一国文字转变成另一国文字，既能不因语言习惯的差异而露出生硬牵强的痕迹，又能完全保存原作的风味，那就算得人于‘化境’。”

文化学翻译规则以文化为重点来研究翻译。持文化翻译观的学者认为，翻译不仅是语言符号的转换，而且是一种思想文化的交流，“翻译是将一种语言所蕴含的意思用另一种语言文字表达出来的文化活动”（王克非），“翻译是跨语言、跨文化的交流”（沈苏儒）。不少西方学者使用“跨文化”来形容翻译这一活动。Snell Hornhy 把翻译看成“是一种跨文化的活动”。巴斯奈特和勒弗维尔认为，“翻译研究进入 20 世纪 90 年代，其历史性的转折点是文化研究”。

从以上持不同翻译观的学者和翻译理论家对翻译的定义或解释来看，翻译过程不但涉及两种语言，还涉及两种文化。由此可见，翻译既是一种语言活动，也是一种文化活动，语言是文化的载体。翻译是通过语言机制的转换连接或沟通自身文化与异国文化的桥梁。实际上，翻译是两个语言社会之间的交际过程和交际工具，它的目的是要促进本语言社会的政治、经济或文化进步，任务是要把原作中包含的现实世界的逻辑映象或艺术映象完好无损地从一种语言中移注到另一种语言中去。

三、翻译的分类

（一）不同视角下的分类

“翻译”这个术语是一个笼统的概念。广义地讲，翻译包括语言和非语言符号之间的转换。本书要讨论的翻译一般集中在语言上，就是将某一语言活动的言语产物转换到另一种语言中整个翻译活动可以按照不同的处理方法把翻译分为若干类型。

就翻译所使用的源出语和目的语而言，翻译可分为语内翻译、语际翻译和符际翻译。语内翻译指在同一种语言内部的不同语言变体之间进行翻译。例如，将古代汉语译为现代汉语，上海话译为普通话，四川话译为广东话等。语际翻译就是把本族语译为外族语，或将外族语译为本族语。例如，将汉语译为英语，将德语译为汉语等。符际翻译指各种非语言符号之间的转换。例如，当我们处在一个陌生的语言环境中，即使自己不懂该环境的语言，但当我们看到公路上红绿灯亮了时，仍能解读出其含义。

就翻译的活动方式而言，翻译可分为口译、笔译、机器翻译和网络翻译。口译多用于外交会晤、经贸谈判、学术研讨和参观游览等场合。笔译多用于公文往来、商务信息、科学著作和文学翻译等活动。机器翻译主要利用计算机和其他设备进行，人工只起辅助作用。网络翻译则是随着计算机网络的普及而发展起来的一种新兴、快捷的翻译方式，主要依靠网络进行。

就翻译材料的文体而言，翻译可分为新闻文体、科技文体、应用文体、文学文体和论述文体。新闻文体包括新闻报道、新闻评论等。科技文体包括科学著作、实验报告、情报资料、设备和产品说明等。应用文体包括广告、启事、通知、契约、合同、公函、私信等。文学文体包括小说、散文、诗歌、戏剧等。论述文体包括社会科学著作、政治文献、演说报告等。

就翻译活动的处理方式而言，翻译可分为全译、节译、摘译、编译。全译就是把原文原封不动地照译出来，译者不得任意增删或自行改动，但必要时可加注说明或加序评论。节译就是根据原文内容把原文的全部或部分进行节缩译出，但应保持原作内容相对完整。摘译就是译者根据实际需要摘取原文的中心内容或个别章节进行翻译，内容一般是原作的核心部分或内容概要。编译指译者在译出原文的基础上以译文为材料进行编辑加工。

按译文文字的表达方式而言，翻译可分为直译和意译。

（二）雅各布逊的分类

美国语言学家、翻译理论家罗曼·雅各布逊认为，翻译是用另一种语言解释原文的语言符号。他在《论翻译的语言学问题》中，从语言学和符号学的角度，即按所涉及的两种代码的性质，将翻译分为语内翻译、语际翻译和符际翻译可以说，这三种类型的翻译几乎包括了一切语言的交际活动。这种翻译分类也打破了翻译的传统框架，开阔了人们对翻译认识的视野。此后，翻译的领域作为一个概念得到了扩展，翻译方法的研究也进入了一个崭新的阶段下面就详细分析这三种翻译类型。

1. 语内翻译

语内翻译是用同一语言的另一符号来阐释其言语符号。换句话说，语内翻译是同一语言间不同语言变体的翻译，如把用古英语写的《贝奥武甫》译成现代英语，把用古汉语写的《史记》译成汉语，把客家话译成普通话，把黑话、行话译成普通语言等或者说，语内翻译就是把一种语言材料用同一种语言换一种说法，即重新解释一遍语内翻译包括古代语与现代语、方言与民族共同语、方言与方言之间的转换 3 英语学习中解释疑难句子常常用到的 paraphrase 其实也是一种语内翻译，即同一种语言内部的翻译。

语内翻译不一定要指向某个预设的真理，它还可以沿着不同的路线导向不同的目的地，唯一能够确定的是，对同一文本的阐释有着共同的出发点。在某种程度上，语内翻译不需要将意指对象完整真实地显现出来，它仅是一种表现形式，体现着人类精神的相互沟通和相互阐发的过程，人类精神文化的不断创造过程，使人类的文化不断地丰富起来。

2. 语际翻译

语际翻译是运用另外一门语言的符号来阐释言语符号。

换句话说，语际翻译是一种语言的符号与另一种语言的符号之间的口头或笔头的转换，如英译汉、汉译英等。实际上，语际翻译也就是人们通常所指的真正意义上的翻译，可以说是狭义的翻译。

可见，语际翻译是对原文符号在另一种文化中的解读，原文本中所有的符号都置身于一个宏观的文化背景或“非语言符号体系”中。要想达到语际翻译层面的对等，就要使处于源语文化中的符号在目的语文化中进行正确的解读与传译从符号学的角度来讲，一个语言符号的指示意义由三种意义共同构成：语义意义、句法意义和语用意义。如何正确传达这三种意义便是实现语际翻译的重点所在。

3. 符际翻译

符际翻译就是运用非言语符号系统来阐释言语符号。也就是说，符际翻译是语言与非语言符号或非语言符号间的翻译、语言与手势语间的翻译、英语与计算机代码间的翻译，数学符号、音乐符号、美术符号、手势语与旗语间的翻译等都属于语符翻译。例如即路程等于速度乘以时间。

我国南京大学外国语学院许钧教授曾指出，所谓符际翻译，就是人类掌握的语言文字、音乐、绘画、舞蹈几种符号之间的翻译。这需要通过感知领悟音乐、绘画、文字和数理等符号系统。一般来说，掌握的符号越多，符号之间的翻译能力越强，感觉世界的能力也就越强可见，符际翻译是指原文符号在非言语层面上的解读。它并不传递原文的意义，而是传递对原文的直接感觉，是对作为基于图像符号意义本身特性的翻译。具体来说，符际翻译对等表明了原文与译文的一些相关的物理特征，英汉差异使译文在长度、标点符号使用上难以达到对等，但在符际层面上至少要达到外观结构上的大致对等。

（三）卡特福德的分类

英国语言学家和翻译理论家卡特福德根据翻译的范围、层次和等级对翻译进行了分类，具体如下。

根据翻译的范围，可将其分为全文翻译和部分翻译。全文翻译是指源语文本的每一部分都要用译语文本的材料来替代。部分翻译是指源语文本的某一部分或某些部分是未翻译的，只需要把它们简单移植到译语文本中。部分翻译并非节译，而是某些词因为种种原因不可译或不译，只能原封不动地搬入译文。

根据翻译的层次，即语法、词汇、语音、词形等，翻译可分为完全翻译和有限翻译完全翻译是指源语的语法和词汇被等值的译语的语法和词汇所替换，有限翻译则是指源语的文本材料仅在一个层次上被等值的译语文本材料所替换。

根据语言的等级，即词素、词、短语或意群、分句或句子，可将翻译分为逐同翻译、直译和意译。逐词翻译是建立在单词级上的等值关系意译“不受限制，可以在上下级之间变动，总是趋于向较高级的等级变动……甚至超过句子的层次”。直译则是介于逐词翻译和意译之间的翻译。

第二节　英语翻译的基本原则

一、翻译的基本原则

翻译的基本原则是翻译实践的准绳和衡量译文优劣的尺度国内外对翻译标准的讨论一直都没有停止过，正是在这场对翻译标准的讨论中，翻译理论的研究得到了不断的完善。因此，我们借用前人的研究成果来指导翻译的实践，即在翻译实践过程中应遵守翻译的两条基本原则：忠实和通顺。

所谓忠实，是指译文要准确地表达出原文的思想、内容和文体风格，再现出原文的特色：翻译不是译者的独立创作，而是把原作用另一种语言表达出来，译者不得对原文进行任何篡改、歪曲、遗漏或任意增删，如果译文与原作不符，那就不能称之为翻译。对译者来说，要实现译文忠实于原作，便要先对原文有正确的理解，并且吃透原文的词义、语法关系和逻辑关系。

所谓通顺，是指译文语言通顺易懂、自然流畅，符合译文语言的表达习惯，没有文理不通、晦涩难懂等现象。

综上所述，翻译离不开“忠实、通顺”这两条目前翻译界公认的原则。实际上，忠实和通顺相辅相成。忠实而不通顺，读者就会看不懂译文，失去了翻译的意义；通顺而不忠实，脱离了原文的内容和风格，译还不如不译。

二、翻译工作者的基本原则和要求

（一）翻译工作者在翻译教学中的泉本原则

翻译教学涉及两种相互联系又各有目的的教学模式，即教学翻译和翻译教学。根据我国目前的实际情况和社会需要，在我国的外语教学中，无论是非外语专业，还是外语专业，教学翻译和翻译教学这两种教学模式都是不能脱离出来的，它们是相辅相成的。

我国各级英语教学中对翻译的基本教学要求正是从翻译的基本原则出发而制定的从我国英语专业和非英语专业英语教学大纲来看，甚至在各级英语过级考试中，都可以看出翻译的“忠实和通顺”始终贯穿于英语教学中。

我国高等院校英语专业对翻译的教学要求是分级的，具体如下。

（1）入学要求：能将内容不超过高三课文难度的短语和句子翻译成汉语，要求理解正确，语言通顺。

（2）二级：能独立完成课程中的各种翻译练习，要求理解准确，语言通顺。

（3）四级：能独立完成课程中的各种翻译练习，要求译文忠实于原文，表达流畅。

（4）六级：初步了解翻译基础理论和英、汉两种语言的异同，并掌握常用的翻译技巧，能将中等难度的英语篇章或段落译成汉语。译文忠实原文，语言通顺，速度为每小时250 ~ 300 个英文单词。另外，能将中等难度的汉语篇章或段落译成英语，速度和译文要求与英译汉相同，还能担任外宾日常生活的口译。

（5）八级：能运用翻译的理论和技巧，将英美报刊上的文章及文学原著译成汉语，或将我国报纸、杂志上的文章和一般文学作品译成英语，速度为每小时 250 ~ 300 个英文单词。译文要求忠实原意，语言流畅。另外，还能担任一般外事活动的口译。

高等院校英语专业四级、八级考试对翻译的测试要求如下所列。

（1）汉译英项目要求应试者运用汉译英的理论和技巧，翻译我国报纸、杂志上的论述文和国情介绍，以及一般文学作品的节录。速度为每小时约 250 ~ 300 字。译文必须忠实原意，语言通顺。

（2）英译汉项目要求应试者运用英译汉的理论和技巧，翻译英、美报纸和杂志上有关政治、经济、历史、文化等方面的论述文，以及文学原著的节录。速度为每小时约250 ~ 300 词。译文要求忠实原意，语言流畅。

我国高等院校非英语专业大学英语教学对翻译的教学要求也是分级的。由于大学英语教学分为基础阶段（一至二年级）和应用提高阶段（三至四年级），全国高等院校非英语专业英语教学大纲对翻译的教学要求也分为两个阶段。

（1）基础阶段对翻译的基本要求（达到四级）：能借助词典将难度略低于课文的英语短文译成汉语，理解正确，译文达意，译速为每小时 300 个英语单词；能借助词典将内容熟悉的汉语文字材料译成英语，译文达意，无重大语言错误，译速为每小时 250 个英语单词。

（2）基础阶段对翻译的较高要求（达到六级）：能借助词典将难度略低于课文的英语短文译成汉语，理解正确，译文达意，译速为每小时 350 个英语单词；能借助同典将内容熟悉的汉语文字材料译成英语，译文达意，无重大语言错误，译速为每小时 300 个英语单词。

（3）应用提高阶段的专业英语对翻译的教学要求：能借助词典将有关专业的英语文章译成汉语，理解正确，译文达意，译速为每小时 350 个英语单词；能借助词典将内容熟悉的有关专业的汉语文字材料译成英语，译文达意，无重大语言错误，译速为每小时 300 ~ 350 个英语单词。

（4）应用提高阶段的高级英语对翻译的教学要求：能借助词典将有一定难度的英语文章译成汉语，理解正确，译文达意，语言通顺，译速为每小时 400 个英语单同；能借助同典将题材熟悉的汉语文章译成英语，内容完整，译文达意，语言通顺，译速为每小时 350 个英语单词。

英语自学考试大纲对翻译的基本要求：能将阅读的材料译成汉语，译文基本正确，文字通顺，笔译速度达到每小时 300 个英语单词；能把结构不太复杂、由常用同构成的汉语句子译成英语，译文基本正确

可见，忠实和通顺是翻译实践中必须遵守的原则。要达到上述原则，必须不断提高英、汉两种语言的水平，掌握丰富的知识，熟悉使用英语的国家和中国的社会风俗，了解它们的政治、经济、历史、文化等各方面情况，并掌握一定的翻译方法和技巧。

（二）翻译工作者的基本要求

首先，翻译人员应具备良好的知识水平具备包括扎实的汉语和英语功底在内的基础知识和专业知识，这是翻译工作对译者的基本要求。通晓和掌握汉语与英语的基础知识是从事英汉互译的起码条件。专门知识对译者来说也是很重要的，译者必须懂新闻才能译好新闻文章，懂文学才能翻译出优秀的文学作品。

其次，译者需要具备包括自然科学和社会科学在内的百科知识，这类知识并无固定的专业范围。另外，译者还需了解有关国家历史、地理、政治、经济、军事、外交、科技、风俗习惯、宗教信仰、民族心理、文化传统等方面的基本情况。

再次，译者应力戒在两种语言转换过程中的狭隘对等意识虽然在翻译过程中两种语言的确存在对等现象，但由于各个民族在自然环境、历史传统、风俗习惯、民族心理和文化传统等方面存在着巨大差异，这种差异必然会体现在语言上，即两个民族必然会采用不同的词语或表达方式来描述同一事物或现象如果一味地追求对等，必然导致译文让读者困惑难懂，无法理解：例如，一旦将英语中的“level”与汉语中的“水平”机械地对等起来，那么汉语的“英语水平”“生活水平”“游泳水平”就很可能译为“English level”“living level”“swimming level”，而实际上，它们在英语中的对应词是“English proficiency” “living standard" “swimming skill” 。

最后，译者应具有爱国主义意识。一方面，根据我国的国情，选择好的作品进行译介，运用正确的立场、观点和方法来分析、研究和深入理解原作的内容；另一方面，译者应本着让世界各国人民了解中国的原则，积极对外宣传我党的路线、方针、政策，宣传我国的社会主义建设成就，宣传社会主义道德、风尚和文化，积极推动对外交流，促进中国人民同世界各国人民之间的友谊。

第三节　中西方翻译理论概述

一、中国翻译理论研究

（一）中国古代翻译理论

中国的翻译活动可追溯至春秋战国时期，当时的翻译活动主要限于诸侯国家之间的相互交往，所以这种翻译还谈不上是语际翻译。在中国翻译史上，真正的语际翻译当属佛经翻译。佛经翻译历经千年，出现了一大批杰出的翻译人员，他们译出的佛教经卷数以万计，为佛教在中国的传播以及丰富中国的语言、文化做出了不可磨灭的贡献。同时，不少译经人在佛经翻译过程中总结出了翻译心得，其中有一些已具备理论的雏形，如支谦、释道安、鸠摩罗什、彦琮、玄奘、赞宁等。在这些人之后，明末清初也有一些翻译理论家提出了比较著名的翻译观点，如徐光启和魏象乾。下面进行具体介绍。

1. 支谦的翻译理论

支谦是三国时期主要的佛经翻译人，他在《法句经序》中论述了自己的主要观点：“唯昔蓝调、安侯世高、都尉、佛调，译梵为秦，审得其体……因循本旨，不加文饰，译所不解，则阙不传……然此，虽辞朴而旨深，文约而义博，事钩众经，章有本故，句有义说。”对这一观点的意思分析如下所示。

（1）“唯昔蓝调、安侯世高、都尉、佛调，译梵为秦，审得其体”这一句是支谦对前人翻译的客观总结。

（2）“因循本旨，不加文饰”是支谦所倡导的一种翻译原则或翻译方法。

（3）“译所不解，则阙不传”是支谦制定的一种权宜策略。

（4）“然此，虽辞朴而旨深，文约而义博，事钩众经，章有本故，句有义说”是支谦对译文结构进行的层次上的评析。

此外，支谦还提出了当时译者所面临的两大难题：一是“或得梵语，或以义出音”；二是“名物不同，传实不易”。前者是关于译音和译义的问题，后者则是关于名物概念的翻译问题。可见，支谦意识到了本质与现象、内容与形式的统一问题，而且他把“本旨”“文饰”作为相对的概念来讨论翻译理论，加深了人们对翻译的认识。

2. 释道安的翻译理论

释道安是东晋、前秦时期主要的佛经翻译人，他在总结前人经验和同时代其他佛经翻译者见解的基础上，结合自己的翻译实践，在《摩诃钵罗若波罗蜜经钞序》中提出了著名的“五失本，三不易”理论。

（1）五失本。“五失本”是指梵文佛经翻译时容易失去原文本来面目的五个方面，具体内容如下：梵语尽倒，而使从秦，一失本也；梵经尚质，秦人好文，传可众心，非文不合，斯二失本也；梵语委悉，至于叹咏，叮咛反复，或三或四，不嫌其烦，而今裁斥，三失本也；梵有义记，正似乱辞，寻说向语，文无以异，或千五百，刈而不存，四失本也；事已成全，将更傍及，反腾前辞，已乃后说，而悉除此，五失本也。

①“一失本”：梵文词序与汉文词序不同，汉译时必须改变词序，导致译文失去原文的内容。

②“二失本”：梵文质朴，汉文华藻，为使读者满意，附庸习惯，译文不得不做些修饰，致使译文不完全符合原文内容。

③“三失本”：梵语佛经中同一个意思的词句往往反复，译成汉文时不得不删除一些，导致译文与原文不一致。

④“四失本”：梵文佛经每逢结尾之处，必做小结，将前面的话简述一遍，译成汉文时做必要的删减，使译文与原文在内容上出现不一致的情况。

⑤“五失本”：梵文佛经每论全文之后，往往要纵横牵扯，汉译时必须删除，使译文失去了原文的一些内容。

释道安的“五失本”是他通过比较研究而总结列举出的梵、汉两种语言之间的五对矛盾（内容形式、原文译文、文体类型、语言风格、文辞文法）。至于这五对矛盾的解决方法，或者能不能解决，释道安则没有进一步阐述。

（2）三不易。“三不易”是指翻译梵文佛经时有三种情况不容易处理。具体指：然般若经，三达之心，复面所演，圣必因时，时俗有易，而删雅古，以适今时，一不易也；愚智天隔，圣人叵阶，乃欲以千岁之上微言，传使合百王之下末俗，二不易也；阿难出经，去佛未久，尊者大迦叶令五百六通，迭察迭书，今离千年，而以近意量裁，彼阿罗汉乃兢兢若此，此生死人而平平若此，岂将不知法者勇乎，斯三不易也。

①“一不易”：过去和现在不一样，要把过去的情况用现在的情形译出来，不容易。

②“二不易”：后人要完全理解古代圣贤深邃的思想，不容易。

③“三不易”：普通人来译不容易。

释道安的“三不易”表明他意识到了翻译所涉及的历时性的矛盾以及原著、译者和译文读者之间知识结构和认识水平之间的差距而产生翻译的矛盾问题。

综上可知，释道安的主要贡献在于对汉、梵两种语言进行了比较研究，并涉及原著、译者、译著、读者之间的关系，对翻译实践进行了较为系统的规律性总结，摆出了问题，为后继者指出了努力的方向，提供了继续研究的线索。

3. 鸠摩罗什的翻译理论

鸠摩罗什是天竺（印度）人，东晋后秦时来华，译经 300 多卷，一改过去音译的缺点，主张意译，并倡导译者署名他的译著有《天然西域之语趣》，忠于原作，译文妙趣盎然，为我国的翻译文学奠定了基础鸠摩罗什没有正面提出译论，他的观点散见于一些论述中。

鸠摩罗什从佛经文体出发，认为梵语转汉语时虽然可以不失大意，但在文体上总是隔了一层，其宫商体韵不但不能经过翻译传达，连文藻也会失掉。因此，他力图在译经文体上有所改进，使其既通俗化又富有优美的文学色彩，同时保留原作的风姿。在文质问题上，他主张只要不违背原意，则不必拘泥于原文形式，在存原则真的指导下可以“依实出华”，达到辞旨婉约、自然流畅、声韵俱佳的效果。此外，对于译名的问题，他也提出了自己的观点，对于那些难以在汉语中找到对应的梵语可以采用音译法例如，人名、神名和一些不翻译的专用名同，他一般都采用音译。一方面，这避免了不同音译所造成的牵强附会，或由于音译过多使译文难懂的弊病；另一方面，恰当的音译丰富了汉语的词汇，同时使译文保留了一些异国色彩，增加了文辞的美感。

4. 彦琮的翻译理论

彦琮是隋代一位有影响的翻译家，他翻译过很多佛经，其主要观点是“八备”说，是指做好佛经翻译必须具备的八项条件：诚心爱法，志愿益人，不惮久时；将践觉场，先牢戒足，不染讥恶；筌晓三藏，义贯两乘，不苦暗滞；旁涉坟史，工缀典词，不过鲁拙；襟抱平恕，器量虚融，不好专执；耽于道术，淡于名利，不欲高衔；要识梵言，方闲正学，不坠彼学；薄阅苍雅，粗谙篆隶，不昧此文。

通俗来讲，佛经翻译人员应该具备以下条件

（1）诚心爱法，立志为人奉献，不怕耗时、费力。

（2）品行端正，忠实可信，不招别人讥笑、讨厌。

（3）博览佛经，通达义旨，不拖泥带水。

（4）涉猎中国经史，擅长文学，精于辞藻，笔锋达意。

（5）度量宽和，虚心求教，不武断固执。

（6）深爱道术，不喜名利，不出风头。

（7）精通梵语，熟悉译法，不失原义。

（8）兼通中国训话，使译文不失准确。

上述条件中，第一点、第二点、第五点和第六点是关于翻译主体的人格修养，第三点、第四点、第七点和第八点是关于翻译主体的学识修养，即译者所具备的理解能力、表达能力以及掌握两种语言的水平在文与质的问题上，彦琮在《辩证论》中提出“宁贵朴而近理，不用巧而背源”的原则，坚持忠实第一。

5. 玄奘的翻译理论

玄奘是唐代佛经翻译的代表人物。他的翻译著作很多，但关于其译论的资料很少后人总结出他的翻译思想为“既须求真，又须喻俗”玄奘的佛经译文既忠于原文，又注重文体风格，是文质结合的典范。

（1）五不翻原则。玄奘提出了“五不翻”原则，这里的“不翻”实际上就是采用音译。

①秘密故不翻。意思是说，具有神秘色彩的词语不用意译，而应采用音译。

②多含故不翻。意思是说，具有多种含义的词语不用意译，而应采用音译。佛教经典中有些词语含义非常丰富，而汉语中找不到与之完全对应的词语，如果使用其中一个含义的词语，则会造成信息与意义缺失。

③此无故不翻意思是说，目的语文化中没有的词语不用意译，而应采用音译例如，“阎浮树”又名“胜金树”，只产于印度等地，中国没有这种树，所以采用音译。

④顺古故不翻意思是说，对以前已经存在并广泛使用的约定俗成的音译词语不用意译，而应遵循习惯沿袭其原有的音译。

⑤生善故不翻。意思是说，有些词语用音译能令人生尊重之念，否则容易等闲视之，所以对这类词语不用意译，而应采用音译。

简而言之，这五种原则比较全面地同答了支谦的“名物不同，传实不易”的问题。

（2）翻译技巧。在翻译实践中，玄奘主要运用了六种技巧。

①补充法（增词法）。

②省略法（减词法）。

③变位法（根据需要调整句序或词序）。

④分合法（分译法和合译法）。

⑤译名假借法（用另一种译名来改译常用的专门术语）。

⑥代词还原法（把原来的代名词译成代名词所代的名词）。

6. 赞宁的翻译理论

宋初的赞宁是千年佛经翻译的总结者。他有关翻译的论述集中在《译经篇》后附的“系”和“论”里，这些文字较为系统地论述了翻译的性质，简要回顾了此前的翻译史，总结了前人的翻译活动、经验以及方法和理论，并提出了自己的观点。

就翻译的性质与定义，赞宁明确指出：“译之言易也，谓以所有易所无也。”也就是说，翻译就是对原文的一种改变。他还提出，“懿乎东汉，始译《四十二章经》，复加之为‘翻’也。‘翻’也者，如翻锦绮，背面俱花，但其花有左右不同耳。由是‘翻译’二名行焉。”他把翻译中的文本内容比作绣花的图案，原文与译文则是图案的正反两面，即二者内容相同，只是正反的“花”（形式）有所不同。

（1）翻译方法。赞宁在翻译方法上提出“六例”说：“今立新意，成六例焉。谓译字译音为一例，胡语梵言为一例，重译直译为一例，粗言细语为一例，华言雅俗为一例，直语密语为一例也。”

①译字译音。赞宁提出了四种关于“译字和译音”的情况：译字不译音、译音不译字、音字俱译和音字俱不译。

②胡语梵言。赞宁从地理位置和语言构成两个方面指出了梵语与胡语之间的区别：“……胡语梵言者，一在五天竺，纯梵语。二雪山之北是胡。……三亦胡亦梵……”他指出了人们思想认识上的两大误区：一是从东汉到隋朝，人们“皆指西天以为胡国”，所以有“译胡为秦”的说法；二是隋朝以后，人们又误以为西天为梵，矫枉过正，过犹不及当时的佛经既有梵语文本，又有胡语文本，甚至存在胡梵夹杂的文本，应加以区分。

③重译直译：直译即直接翻译，是指直接把梵文佛经翻译成汉语文本。需要注意的是，这里所说的直译并不是我们现在所说的与意译相对的直译。重译是我们现在所说的间接翻译或称“转译”，即把胡语佛经文本转译成汉语文本。

④粗言细语根据赞宁的说法，佛经文辞有粗细之分。细语是典正言辞，粗言是“泛尔平语言辞”。赞宁区分了三种情况：一是粗言，是“五印度时俗之言”；二是细语，是译经大师们用汉语雅言译出的原文词语；三是亦粗亦细，是梵语佛经文本中既有粗言又有细语的混同状态。

⑤华言雅俗。具体指目的语—汉语的雅俗问题，即要译出原文的语言风格源语的俗语不能译成目的语的雅言，反之亦然。

⑥直语密语。直语是平时日常生活中所用的平白的话语，密语则是宗教中的神秘词语。“直”是指用较通俗的话直译，“密”是指用较隐秘的话意译。

（2）文体风格。在文体风格方面，赞宁认为佛经译文的语言风格应居雅俗之间，不应走极端，折中适时才是最恰当的。所谓折中，即译作文字要贴切、得当；所谓适时，即译文语言要合乎当时通行的风格，这样才能达到传达佛旨的目的。

7. 徐光启的翻译理论

徐光启是明末著名的科学家、政治家、翻译家，他翻译过《几何原本》《泰西水法》《灵言蠡勺》等，是将我国翻译的范围从宗教以及文学等扩大到自然科学领域的第一人徐光启没有留下系统的翻译理论，但其散见于译书序言中的翻译思想对当时士大夫和传教士翻译科技著作的工作产生了积极的影响，他的翻译思想集中体现在以下三个方面。

（1）认识到胁译的重要性，认为翻译是吸取他国长处的先决条件和手段。欲求超胜，必须会通；会通之前，必须翻译，这种拿来主义的翻译态度是十分宝贵的思想放在当时的历史与文化语境下，显得弥足珍贵。

（2）提出翻译时要抓重点，抓“急需”西方数学的严密理论和逻辑体系是其他学科的基础，因此应该将数学专著的翻译放在首位。

（3）在《几何原本》译序和杂议中谈到翻译的目的是“以裨益民用”，即通过翻译来造福人民。

8. 魏象乾的翻译理论

魏象乾，汉族，1739年，被任命为“实录馆兼内翻书房纂修”（御用的专业翻译工作者），专门从事汉译满（清文）工作，是《清实录》名列第六位的满文翻译他对翻译原则、标准和初学翻译如何入门等问题颇有见地，并将汉满文字翻译经验总结为《翻清说》一文。该文仅1600字，属于内府刻本，共6页，却字字珠玑、寓意深刻，是我国最早的内部出版的翻译研究单篇专著。

在这篇短文中，他首先提出翻译的标准问题，认为好的翻译应该了解原文的意思，表达原文的措辞，保留原文的风格，传达原文的神韵，既不要增译，也不要删减，更不要颠倒原文顺序或断章取义，即“了其意，完其辞，顺其气，传其神，不增不减，不颠不倒，不恃取意”。其次，他认为当时汉译满诸书中，以《资治通鉴》和《四书注》“最为妥当，实得汉文之奥旨，清文之精蕴者”，可为初学者翻译之范本。他特别推崇《孟子》的满文译本。最后，他提出把汉语译成满文时要进行适当的增减。这篇短文既细致地谈论了翻译的技巧，又提出了关于翻译的宏观认识，是我国古代最为精辟的一篇翻译理论文章。

（二）中国近代翻译理论研究

近代翻译理论是指鸦片战争至五四运动时期形成的有关翻译的见解和理论这一时期的翻译以西学翻译为主，涌现出一批优秀的翻译家，他们致力于翻译的实践研究，提出了独到的翻译见解和理论。可以说，这一时期是我国翻译理论自成体系的开创时期。

1. 徐寿、傅兰雅的翻译理论

徐寿是洋务运动时期著名的化学家、科技翻译家，他与傅兰雅合译或自译西方书籍13种，代表作有《化学鉴原》《化学术数》《化学考质》等，并首创了一套化学元素的中文名称。傅兰雅结合自己丰富的翻译经验，提出了翻译应“不失原文要旨”“易于领会”的翻译标准。这一时期的翻译大家对翻译理论的最大贡献是对科学技术术语的统一工作，从译名统一的原则到科学术语词典的编纂都在翻译史上留下了宝贵的财富。傅兰雅、徐寿等人提出了著名的“译名七原则”

（1）尽可能直译，而不意译。

（2）万一不能意译，则要用尽量适当的汉字音译，要建立音译体系，基本词素要固定，要用官话音译。

（3）新术语尽可能同汉语的固有形式构建相一致。

（4）译名要简练。

（5）译名要予以准确的定义。

（6）译名在各种场合都要符合原意，不致矛盾。

（7）译名要有灵活性。

“译名七原则”的提出对科技名词的翻译和外来科学技术的引入做出了巨大贡献，促进了中国翻译理论的形成；有力地驳斥了汉语难译科技书籍的说法，指出中国人也可以创造新词汇；倡导科技译名统一，并指定译名的具体规则，使有关地理、物理、化学、医学、数学等科学书籍译成，并广泛流传。

2. 马建忠的翻译理论

马建忠是洋务运动时期的语言学家，他关于翻译的论述主要见于其 1894 年写的《拟设翻译书院议》这篇文章中、他在文中明确指出了翻译对中国反抗外国欺侮，并最后战胜外敌的重大意义，以及创设翻译书院、展开翻译活动、培养翻译人才的紧迫性 . 在该文中，马建忠提出了“善译”翻译观：“夫译之为事难矣，译之将奈何？其平日冥心钩考，必先将所译者与所以译者两国之文字，深嗜笃好，字栉句比，以考彼此文字孳生之源，同异之故所有相当之实义，委曲推究，务审其音声之高下，析其字句之繁简，尽其文体之变态，及其义理精深奥折之所由然夫如是，则一书到手，经营反覆，确知其意旨之所在，而又摹写其神情，仿佛其语气，然后心悟神解振笔而书，译成之文，适如其所译而止，而曾无毫发出入于其间，夫而后能使阅者所得之益，与观原文无异，是则为善译也已。”

这段话的意蕴非常丰富、全面，涉及语义学、语用学、文法学、修辞学，以至于进入了文化研究的领域。在马建忠看来，“翻译是很难的事情，我们应该怎么翻译呢？平时在翻译训练中就应该培养自己对两种语言的浓厚兴趣，用心思考，一定要先将所要翻译的语言和用来翻译的语言进行仔细的研究和比较，以考察两种语言文字产生的渊源，领悟两种语言相同或相异的缘由。对两种语言相当的意义应加以反复推敲，务必探究其语调的高低，分析其字句的繁简，弄清其文体的变异，了解其内涵细微差异的由来。这样，拿到一本书必须反复阅读，掌握它的精神实质，并且揣摩出它的风格，体会到它的语气，才能消化、吸收，写起来得心应手，使译文和原文一模一样，没有丝毫的差别，读者能从中得到与看原文相同的收获，这样的翻译可称得上好翻译”。

马建忠非常注重源语言和文本，强调细致的文本分析，而且推崇翻译中的直译。他的“善译”理论与当代的翻译等值理论如出一辙，建构了中国近代重要译学理论的发展基础。

3. 梁启超的翻译理论

梁启超是我国近代史上著名的思想家和文学家梁启超把翻译当作强国之道，目的在于推行维新变法。梁启超在其长篇巨著《变法通议》的第七章（论译书）中指出了译书的两个弊端，“一曰徇华文而失西义，二曰徇西文而梗华读”，即一是由于遵循汉语的表达习惯而失去了原文的文化内涵等，二是由于遵循英语的表达习惯而造成汉语译文的晦涩难懂。同样在第七章中，梁启超指出：“自鸠摩罗什、实叉难陀皆深通华文，不著笔受。玄奘之译《瑜伽师地论》等，先游身毒，学其语，受其义，归而记忆其所得从而笔之。言译者，当以此义为最上：”这段话的含义是鸠摩罗什和玄奘等都精通汉语和梵文，能够了解原文含义，因此翻译时无须多加润饰，只需记下来直接译成汉语即可，这是翻译的最佳方法，也值得其他译者效仿梁启超还曾指出："凡译书者，将使人深知其意，苟其意靡失，虽取其文而删增之，颠倒之，未为害也。然必译者之所学与著书者之所学相去不远，乃可以语于是其含义是翻译书籍务必要让读者深刻了解原文含义，如果原文含义有所靡失，只保留原文部分含义或增减原文内容、颠倒原文顺序等，都是有害的。另外，译者的学识专业必须和原作者接近，这样才能翻译出质量上乘的作品。

4. 林纾的翻译理论

林纾是中国近代翻译史上的翻译大师，也是中国文学翻译事业的先行者和奠基人，被公认为中国近代文学翻译的开山鼻祖。林纾不懂外语，但他仍然和朋友共同翻译了十几个国家的几十位作家的作品。尽管其译文难免出现一些错误，但这并不能否认他对中国翻译事业所作出的贡献林纾的翻译思想主要体现在以下几个方面。

（1）翻译不易。林纾认为，翻译书籍需要抱有严谨、审慎衲态度，要想翻译出好的作品，译者必须先了解原文所引用的历史典故、风俗文化、古籍旧说等知识，并了解源语和目的语之间的异同，在传递源语文化的同时，使译文符合目的语的表达习惯，这样才能达到理想的翻译效果。

（2）译文要忠实于原著。林纾在《黑奴吁天录》的例言中指出："是书为美人著。美人信教至笃，语多以教为宗。顾译者非教中人，特不能不为传述，识者谅之。"意思是，本书原作者是一位美国作家，美国人大多深信基督教，因此书中语言很多都体现了基督教教义，但由于译者并不信仰基督教，因此照搬原文内容而不予翻译，望读者原谅林纾认为，译者在翻译外国作品时难免会对书中的内容产生异议，但翻译时仍需忠实于原文，将原文的特征、思想表现出来。

（3）译名统一。林纾在《中华大字典》的序言中阐述了自己对译名统一问题的看法，汉语中一个字只有一个含义，只有将一个一个的汉字联合起来才能成文。因此，在翻译英文时往往需要耗费大量汉字，再加上由于没有一定的名同，常会和英文原作相左。对此，林纾提出，"由政府设局，制新名词，择其淳雅可与外国名词相通者，加以界说，以惠学者"。尽管这个提议并未被当局采纳，却是他对中国翻译的另一个重要贡献。

5. 鲁迅的翻译理论

鲁迅是中国著名的思想家、革命家、文学家、评论家．下面具体介绍鲁迅的翻译思想。

（1）翻译目的。鲁迅认为，翻译的目的有两个：为革命服务和供大家参考。鲁迅在《"硬译"与"文学的阶级性"》一文中曾论及"为什么而译"这一问题，他的回答是"为了我自己，和几个以无产文学批评家自居的人，和一部分不图'爽快'，不怕艰难，多少要明白一些这理论的读者"。鲁迅认为翻译要"有用""有益"。

（2）以信为主，以顺为辅。鲁迅认为翻译应做到"信"和"顺"，并认为"信"是翻译工作中最重要的，译者应在保证"信"的同时，尽量使译文流畅通顺。对于当时有人提出的"与其信而不顺，不如顺而不信"的观点，鲁迅在《再来一条"顺"的翻译》中加以批判，并提出了“宁信而不顺”的观点，“这自然是‘顺’的，虽然略一留心，即容或会有多少可疑之点……这才明白《时报》是因为译者不拘泥于‘硬译’，而又要‘顺’，所以有些不‘信’了。倘若译得‘信而不顺’一点，大略是应该这样的……”

对此.人们常常产生一个误解：鲁迅求信而不求顺。但仔细阅读这段话不难看出，“信而不顺”的观点是在相互比较的情况下提出的，是相对的而非绝对的事实上，鲁迅并未把“信”和“顺”对立起来，并不认为取“信”就要放弃“顺”，而是持“以信为主，以顺为辅”的观点。

（3）以直译为主，以意译为辅。对于翻译的策略，鲁迅明确提出直译的主张，这是针对翻译多随意删减、颠倒、附益的不良风气而提出的鲁迅在《域外小说集》的《略例》中指出，“任情删易，即为不诚。故宁拂戾时人，这徙具足耳”，这表达了其直译的观点。需要指出的是，鲁迅所提倡的直译并非死译，也不是逐字翻译，而是既要保存原文全部的思想内容，又要尽量保留原文的语言形式、风格等。

（4）复译有必要。由于很多学者乱译、硬译，致使很多读者都不愿意看翻译的作品，并且严重影响了中国读者对原作的认识。鲁迅认为，要改变这种情况需要对那些已有翻译版本的原作进行复译。他在《非有复译不可》一文中曾指出：“诬赖、开心、唠叨都没有用处，唯一的好方法是又来一回复译，还不行，就再来一回”这一思想对我国翻译事业的健康发展做出了不可磨灭的贡献。

（5）提倡翻译批评对于当时国内盛行的乱译、硬译现象，鲁迅提出了翻译批评，他不仅指出了以前的翻译批评的不当之处，还对翻译批评该如何开展提出了很多独到的见解，为后来翻译批评的健康发展起到了促进作用。

鲁迅在《为翻译辩护》中指出，翻译作品不好的主要责任虽在于译者，但读书界、出版界、批评家也有一定的责任。要改变、整顿现在翻译的恶劣风气，正确的翻译批评是必需的通过翻译批评指出坏的，奖励好的；如果没有好的，则较好的也可以；如果连较好的也没有，则要在指出译本坏的地方之余还要指出其好的地方。

由上述可知，鲁迅对翻译批评的态度十分宽容。他鼓励和支持翻译，并提倡区分译文质量的好坏，为读者选出好的或者较好的译文，即使没有这样的译本，也要从不完全坏的译本中找出好的方面，从而尽可能地让读者受益。这种翻译批评法对端正翻译批评之风无疑是极为有利的，而鲁迅的这种辩证唯物主义思想也成为中国翻译批评日后进一步发展的基石，有助于将中国的翻译批评引入一条正确的道路上。

6. 严复的翻译理论

严复是中国近代翻译史上学贯中西、划时代意义的翻译家，也是我国首创完整翻译标准的先驱者。严复吸收了中国古代佛经翻译思想的精髓，并结合自己的翻译实践经验，在《天演论》译例言里鲜明地提出了“信、达、雅”的翻译原则和标准。

“信”是指忠实准确地传达原文的内容。

“达”指译文通顺流畅。

“雅”可解为译文有文采，文字典雅。

这条著名的“三字经”对后世的翻译理论和实践的影响很大，20 世纪的中国译者深受这三个字影响。

（三）中国现代翻译理论研究

1. 胡适的翻译理论

胡适是我国现代著名学者、诗人、历史学家、文学家和哲学家。从 1919 年起，胡适陆续翻译了都德、莫泊桑、契诃夫等人的短篇小说，拜伦的长诗《哀希腊》，易卜生的剧本《娜拉》（与罗家伦合译）等西方著作。

胡适也是中国白话新诗翻译的领军人物。他认为，用文言文字译诗，无论做得怎样好，“究竟只够供少数人的赏玩，不能行远，不能普及”。诗歌必须为贫民大众所理解和接受，因此翻译应该做到明白流畅胡适的诗歌翻译无论在语言、格律还是意境上，都极大地促进了白话的开创和发展。

胡适用十分严肃认真的态度对待翻译，提出了“三负责”之说。他认为写文章有两重责任：一是向自己负责；二是向读者负责。翻译文章有三重责任：一是要对原作者负责任，求不失原；二是要对读者负责任，求他们读懂；三是要对自己负责任，求不致自欺欺人。

他在《建设的文学革命论》中提出了翻译西洋文学名著时只译名家著作，不译第二流以下著作的看法。他还主张全用白话进行翻译。他的这两个观点在当时很有影响力，大大推动了白话文翻译的发展。

2. 郭沫若的翻译理论

郭沫若是中国现代著名的诗人、文学家、戏剧家和翻译家，其翻译理论主要表现在以下几个方面。

（1）风韵译理论。郭沫若在为田汉译《歌德诗中所表现的思想》一文的“附白”中指出：“诗的生命，全在它那种不可把握之风韵，所以我想译诗的手腕与直译意译之外，当得有种‘风韵译’”。“风韵译”理论不赞同移植或逐字逐句地翻译，而是强调“以诗译诗”，认为翻译的过程是两种文化融合的过程，不仅是两种语言的转换，更是译者对原文审美风格的再创造。

（2）生活体验论。对于译者的素质，郭沫若认为主体性、责任心是译者必须具备的。他认为，翻译工作要求译者具有正确的出发点和高度的责任感，一方面要慎重选择作品，另一方面要以严肃的态度进行翻译。除了责任心以外，郭沫若认为译者主观感情的投入对翻译工作也十分重要。翻译之前，译者先要深入了解原文作家和作品，只有这样才能更深刻地了解原文和作者的思想。郭沫若曾说自己在翻译别人的作品时常常和原作者“合而为一”，使自己变成作者，融入作品中，体会原作的情感与内涵。这种“合而为一”的翻译思想对翻译理论的发展同样做出了重要的贡献。

（3）好的翻译等于创作。郭沫若早期将原作与翻译之间的关系比作处女和媒婆，认为翻译是一种附属事业，贬低了翻译的作用。而随着文学思想转变，郭沫若端正了对翻译的态度，认识到了翻译的重要作用，并指出“好的翻译等于创作，甚至可以超过创作”。翻译有时比创作还困难，因为创作需要一定的生活体验，而翻译需要体验别人体验的生活。另外，翻译要求译者不仅有很高的英文功底，还要有扎实的汉语功底。由此可见，翻译其实并不比创作容易。

翻译不是一个简单的工作，而是一种需要创造力的艺术好的翻译和创作无异，甚至会超过创作。郭沫若本人在翻译过程中无不关注原作的艺术风格和精神思想，并将其融入笔端，进行艺术的再创作。只有这样的创造性翻译才是真正高质量的翻译。

3. 茅盾的翻译理论

茅盾是中国现代著名小说家、文学评论家、文化活动家，他所倡导的是“神韵”与“形貌”辩证统一的文学翻译批评理论，对中国的文学翻译批评产生了极大的影响。

晚清时期，严复提出了“信、达、雅”的翻译标准，这是对中国传统翻译批评影响深远的一种模式，也可以说是晚清文学翻译批评的标准模式。但在实践中，译者与翻译批评者之间互动不够，翻译批评难以真正起到指导翻译活动的作用。

茅盾在大量翻译外国文学作品的同时，十分注重中国古代文论中的精华对于当时文学翻译批评界争论不下的“直译”和“意译”问题，茅盾提出了符合中国传统文化思想的文学翻译批评主张，即“形貌”和“神韵”相结合的辩证统一的翻译批评理论：

对于直译和意译，茅盾曾表示，由于英汉文字不同，对所有文本一律采取直译法很难。译者往往照顾了语言的形式就会导致神韵不足，而照顾了神韵，语言形式又会和原文不同，即“形貌”与“神韵”无法同时保留。尽管如此，“形貌”与“神韵”却又是相反相成的，“单字”“句调”不仅构成了语言的“形貌”，也构成了语篇的“神韵”。

茅盾通过中国文论中的“形貌”“神韵”“单字”“句调”概念打破了晚清以来文学翻译批评的限制，他所倡导的“形貌”与“神韵”辩证统一的翻译批评理论也是对当时争论已久的“直译”和“意译”问题的一个最佳解决办法，这使中国的翻译批评摆脱了传统束缚，产生了新的生机，极大地促进了中国传统文学翻译批评向现代文学翻译批评的转换。

4. 叶君健的翻译理论

叶君健是著名翻译家、儿童文学家，擅长用世界语、英语写作。叶君健通晓英文、法文、丹麦文、瑞典文等多种语言文字，一生翻译了大量外国文学著作，尤以翻译安徒生的童话而闻名于世。其他主要译著有爱斯古里斯的《亚格曼农王》、麦特林克的《乔娜娜》、易卜生的《总建筑师》、托尔斯泰的《幸福的家庭》、梅里美的《卡尔曼》、贝洛奇等的《南斯拉夫当代童话选》等，主要论著有《读书与欣赏》《两楼集》等。

叶君健自1958年翻译《安徒生童话全集》以来，一贯关注译者在翻译中的主体性和创造性。传统翻译观念认为，译者应充当“隐形人”，彻底“隐身”，完全忽略了译者客观存在的介入行为。叶君健认为，文学翻译不是简单的符码转化，不是单纯的翻译技巧问题，翻译有再创造的一面，因而也是一种文学创作。译作的倾向和功能要受到译者的文化身份、修养、意识形态、立场等因素的影响。

1997 年，叶君健发表了《翻译也要出“精品”》一文，系统地论述了自己的“精品”理论，即把一部外国作品移植到国文中来，如果功夫到家，就使其转化成为本国文学作品。在文中，他强调了“译者的个性”和“个性的译作”。他的“精品”论具有鲜明的学术个性，是他毕生翻译经验的精华，也是他留给译界后人的最后一笔财富。

5. 傅雷的翻译理论

傅雷是中国著名的文学翻译家、文艺评论家，他在《高老头》译序中提出了“神似论”的翻译标准。具体来说，对翻译理论的贡献主要表现在两个方面。

（1）传神达意。傅雷曾说，领悟原文是一回事，而将原文含义用汉语表达出来又是另外一回事。他认为翻译时做到“传神达意”必须把握好以下三点。

第一，中文写作。傅雷认为，好的译文要给人一种原作者在用汉语写作的感觉，这样原文的精神、意义以及译文的完整性和流畅性都得以保全，也不会产生以辞害意或以意害辞的问题。

第二，反复修改。傅雷对待翻译的态度极其严肃，并以“文章千古事，得失寸心知”为座右铭。傅雷指出，好的翻译离不开反复的锤炼和修改，做文字工作不能只想着一劳永逸，而应该不断地推敲、完善。

第三，重视译文的附属部分。所谓译文的附属部分，即注解、索引、后记、译文序等内容，这些内容都对译文能否“传神达意”有着重大影响。妥善处理这些内容有助于读者更好地理解原文的形式和内容。

（2）神形和谐。傅雷认为，翻译要像临画，重点求神似，形似在次。他将中国古典美学理论运用于翻译之中，用绘画中“形神论”的观点来对待翻译。傅雷指出，要做到传神达意，仅按照原文句法拼凑堆砌是不行的，更重要的是要和原文神似但这并不是说译者可以抛弃原文的形式，而是要在和原文神似的基础上追求形似，不能求形而忘神神和形是语篇的两个方面，二者紧密联系。神依附于形而存在，神又是形的根本意图。因此，二者是一个和谐的整体，其各自的轻重无法简单衡量。

形与神的和谐需要译者的创造。傅雷认为翻译的标准是，假设译文是原作者用汉语撰写的，提倡译文必须使用纯粹的、规范的中文，不能声音拗口。另外，为了再现原文的生动内容，体现出时空、语境的差异，傅雷还指出译者必须杂糅各地方言，也可以使用一些旧小说套语和文言。使用方言、旧小说套语和文言的关键在于适当调和各成分在语篇中的作用，避免导致译文风格支离破碎。傅雷这种将方言、行话、文言和旧小说套语等融入白话文中，从而竭尽所能地转达原文的“神韵”，不能不说是一个创造性之举。

6. 钱钟书的翻译理论

钱钟书是我国著名的作家、文学研究家，他对翻译也有很多发人深省的论述。“化境说”是钱钟书对翻译理论的主要观点，也是最大贡献。“化境”和中国传统文论一脉相承，原指艺术造诣达到精妙的境界，被钱钟书引入翻译领域中则指原作的“投胎转世”。钱钟书在《七缀集·林纾的翻译》中首次提出了“化境说”的翻译观。具体而言，“化”包括以下三个方面。

（1）转化，即将一国文字转换成另一国文字。

（2）归化，即能用汉语将外国文字准确、流畅、原汁原味地表现出来，读起来不像是译本，倒像是原作。

（3）化境，即原作的“投胎转世”，虽然语言表现变了，但精神姿致如故。

此外，“化”还需注意以下两个方面。

（1）翻译时不能因为语言表达的差异而表现出生硬、牵强之感，否则须得“化”之。

（2）“化”的时候不能随便去“化”，不能将原文文本中有的东西“化”没了，即虽然换了一个躯壳，译文仍要保留原文的风味、精神、韵味。

“化境”是钱钟书将原本用于中国古典美学的“境界”概念引人翻译领域中得出的一种翻译理论。他指出，“境界”是所有学科的共性，是相通的。钱钟书将文学翻译理论纳入文艺美学范畴的做法对中国文化而言意义深远。“化境说”不仅兼顾了翻译中的语言形式和神韵，还强调了译者的创造性。因此，“化”是翻译的最高境界。

7. 王佐良的翻译理论

王佐良是我国著名的英美文学研究家和文学翻译家。在翻译领域，他是继承中国传统翻译思想和借鉴西方译论，探索我国现代翻译理论的先行者。20 世纪 50 年代起，他以双向翻译从事文化交流和文学研究，把中国戏剧文学名著《雷雨》等作品译成英文，把多种英诗译为中文，主张以诗译诗，存原诗风貌。他的主要译著有《彭斯诗选》、培根的《论读书》《英国诗文选译集》《苏格兰诗选》、曹禺的《雷雨》《朱利安与马达罗》等，主要著作有《翻译：思考与试笔》《英语文体学引论》《英国文学论文集》。他还主编了《英国文学史》《英国诗史》，并花费七年时间参加《雪莱全集》的译校工作。

20 世纪 80 年代，他在《新时期的翻译观》一文中提出在继承我国传统翻译思想的基础上对外开放的指导思想。他较早提出、引进西方现代语言学科理论，将其付诸中国的翻译理论研究，并提议建立翻译研究的跨学科、综合性途径。王佐良在多篇论文中反复强调自己的翻译观点，即译文要忠实原作，译文是原作的灵魂，是整个概念、整片情感和整个作品的意境、气氛或效果。这一观点与西方当代翻译功能主义学派的目的论的观点基本一致 1984 年和 1985 年，王佐良先后发表了《翻译中的文化比较》和《翻译与文化繁荣》两篇文章，论述了翻译与文化的密切关系，提出“翻译者必须是一个真正意义上的文化人”。在王佐良“把翻译研究与比较文化结合起来”的积极倡导下，20 世纪 80 年代末至 90 年代初，国内出现一股“文化翻译热”，一度形成翻译理论研究的“文化学派”。

8. 焦菊隐的翻译理论

焦菊隐是我国著名的戏剧家、杰出的导演艺术家、卓越的文学翻译家和翻译理论家。他精通多种文字，译笔流畅自然，且具有独特的戏剧风格，其主要译作有波特莱尔的《月亮的恩惠》、莫里哀的《伪君子》、左拉的《娜娜》、高乃伊的《希德》、爱伦·坡的《海上历险记》《爱伦·坡故事集》、俄国契诃夫的《歌女》《樱桃园》、高尔基的《布雷乔夫》、丹钦柯的《文艺·戏剧·生活》、安徒生的《现代戏剧译丛》、迦梨陀娑的《失去的戒指》、贝拉·巴拉兹的《安魂曲》等。

焦菊隐发现，有的译文若是用原文去对照，可能任何一句都没有错，但全段或全篇读完反倒不知道说的是什么。产生这种现象的原因在于译者孤立地理解句子或段落，忽略了原文的整体思想与感情。因此，他发表了著名论文《论直译》，提出了“整体论”的翻译思想，认为译者要建立整体观念，做到整体意义对应，然后再从上而下、由大到小地考察每个部分的意义，逐步完成各个部分的对应。他提出的“整体论”是对篇章翻译理论的一大贡献，丰富了我国的翻译理论和思想，具有重要的理论意义和实践价值。他从哲学的角度科学地论述了词的绝对价值和相对价值，指出一个词在篇章中的意义往往不是它的固有词义，而是它在特定环境（上下文）中的具体所指他还提出翻译是“二度”创造的艺术。许多翻译工作者经过一二十年的努力，仍未能提升自己的水平，就是因为缺乏“翻译是二度创造艺术”的认识。

二、外国翻译理论

（一）古代至中世纪翻译理论

1. 西塞罗的翻译理论

西塞罗是古罗马共和国末期的政治家、哲学家、演说家、散文家、律师和拉丁语言大师，是西方翻译史上最早的翻译理论家之一。两塞罗曾翻译过许多古希腊政治、哲学、文学等方面的名著，其中包括柏拉图的《蒂迈欧篇》和荷马的《奥德赛》。因此，他的译论深深植根于翻译实践的基础之上。西塞罗对翻译理论的阐述主要见于《论最优秀的演说家》和《论善与恶之定义》。虽然这两部著作并非论述翻译的专著，但其中的精辟见解对后世的翻译理论与实践产生了深远的影响。

在《论最优秀的演说家》第 5 卷第 14 章中，两塞罗提出的所谓“解释员”式翻译与“演说家”式翻译的区分，即直译与意译两种基本译法的区分，是西方翻译理论起源的标志性语言。在《论善与恶之定义》中，西塞罗提出翻译必须采取灵活的方式，选词造句要符合自己的语言，以达到感动读者的目的。在此基础上，西塞罗强调翻译是一种文学创作，西塞罗是西方翻译史上正式提出翻译的两种基本方法、译作与原作的关系、形式与内容的关系及译者的权限和职责等问题的第一人。他打破了翻译只限于实践而脱离理论的状态，是两方翻译史上的第一位理论家。

2. 哲罗姆的翻译理论

哲罗姆是早期西方基督教会四大权威神学家之一，被认为是罗马神父中最有学问的人。哲罗姆提出了切实可行、系统严谨的翻译原则，主要有以下几点。

（1）翻译不能始终字当句对，必须采取灵活的原则。

（2）应区别对待“文学翻译”与“宗教翻译”。

（3）正确的翻译必须依靠正确的理解。

3. 贺拉斯的翻译理论

贺拉斯是古罗马时期的著名政治家、抒情和讽刺诗人、文艺批评家、翻译家。他的翻译思想集中体现于《诗艺》（又名《致皮索兄弟书简》）。《诗艺》中“忠实原作的译者不会逐词死译”这句话后来成为活译者、意译者用来批评直译、死译的名言。他受西塞罗的影响，认为翻译必须避免直译，应选择意译，但意译并不意味着翻译可以天马行空地任意发挥，同时，他根据自己的创作和翻译实践率先提出“以希腊为典范的旗帜”，制定出一套古典主义的文艺原则，提倡创新，平易、和谐、寓教于乐的风格，影响了文艺复兴以后的许多翻译家。

4. 布鲁尼的翻译理论

布鲁尼是意大利著名的人文主义者、学者和政治家，是中世纪末期最著名的翻译理论家：他在《论正确的翻译方法》这篇论文中对翻译问题进行了专门论述，是西方翻译史上最早对翻译问题进行专题研究的学者布鲁尼的翻译思想主要有以下三个方面的内容：

（1）译者应当尽可能地模仿原作风格。

（2）任何语言都可以用来进行有效翻译：

（3）翻译的实质是把一种语言里的东西转移到另一种语言中，因此译者必须具备广泛的知识。

5. 昆体良的翻译理论

昆体良是两塞罗、贺拉斯之后提倡活译的另一位著名人物，以演说家、修辞学家著称。他一生写过三部著作，其中最有名也是唯一残存的作品就是《修辞学原理》：这部 12 卷本的《修辞学原理》讨论的是有关修辞学家一生的教育问题，但昆体良在第八、九、十卷阐述了自己的翻译思想他不仅提出了翻译的分类，即一般普通材料的翻译和创造性转换性质的翻译界定了“翻译”和“释义”，还主张译者可以通过翻译改进写作风格与原文竞争，甚至可以通过改编翻译，用编译的语言提高原文的质量、《修辞学原理》是两方翻译理论著作中最早提出与原作“竞争”的论著。

6. 奥古斯汀的翻译理论

（1）译者必须通晓两种语言，熟悉并“同情”所译题材，还要具有一定的校勘能力。

（2）翻译中必须注意朴素、典雅、庄严三种风格。

（3）翻译中必须考虑“所指”“能指”和译者“判断”的三角关系。

（4）翻译的基本单位是词。

奥古斯汀的翻译理论对后世影响巨大，他的符号理论被译学家和语言学家当作共同财产，直到今天仍在发挥作用。

（二）文艺复兴时期翻译理论

1. 马丁·路德的翻译理论

马丁·路德是德国辩论家、社会学家和翻译家。他翻译的《伊索寓言》具有很高的文学价值：路德在翻译理论方面的主要贡献体现在以下几个方面。

（1）使用大众所熟悉的通俗语言才能使翻译大众化。

（2）翻译必须注重语法和意思的联系。

（3）翻译要将原文的语言现象放在首位，要采用意译的方法帮助读者完全看懂译文。

（4）翻译必须集思广益。

（5）系统地提出了翻译的七条原则：可以改变原文的词序；可以合理运用语气助词；可以增补必要的连词；可以略去没有译文对等形式的原文词语；可以用词组翻译单个的词；可以把比喻用法译成非比喻用法，把非比喻用法译成比喻用法；注意文字上的变异形式和解释的准确性。

2. 多雷的翻译理论

多雷是法国文艺复兴时期著名的人文主义者、学者和翻译家，多雷博学多才，思想解放，他因主张意译而被活活烧死在火刑柱上，时年 37 岁，是文艺复兴以来第一位因翻译而受难的翻译家。

在多雷看来，翻译是译意，而不是译字。为了表达作者意图，译者有调整、颠倒译文句式的权利。多雷在《论出色翻译的方法》一文中对翻译问题进行了系统的论述。他认为，要想翻译得出色，必须做到以下五点。

（1）译者必须完全了解自己所翻译的作者的旨趣和内容。

（2）译者应该精通原文语言和目的语语言，不损害原文的优美。

（3）译者不应该亦步亦趋地逐字翻译。

（4）译者应该避免刻板的拉丁化味儿太浓的语言，使用通俗的语言表达。

（5）译者应该调整次序，重构语序，避免生硬的翻译。

多雷的翻译理论造诣很高，再加上他本人被神职人员迫害致死，所以他的“五原则”在西方翻译界极受珍视，《论出色翻译的方法》这篇论文可被视作西方最早的一篇系统论述翻译问题的文章，在西方翻译思想史上占有相当重要的地位。

（三）西方近代翻译理论

1. 巴特的翻译理论

巴特是18世纪法国乃至欧洲最富影响力的文学理论和翻译理论家之一，他的代表著作有《论文学原则》和《纯文学教程》。巴特认为，语言的普遍因素不是语法，而是语序，语法结构为句子次序所支配，因此，如果出现矛盾，语法结构应让位于句子次序他在《论文学原则》的第五部分着重讨论了翻译的语序问题，并提出了12条规则，如应该保留原文思想出现的先后顺序，原作中所有的连接词都应该保留，应该使用尽可能相同的篇幅来表达以使译文具有与原文同等程度的明晰，必须在译文中保留原作的修辞手段和形式等。

《论文学原则》集中体现了巴特对翻译问题的种种看法，观点新颖，论述精当，是西方18世纪翻译理论发展史上的一个里程碑。巴特既是一个翻译理论家，又是一位积极的翻译实践者他所译的亚里士多德的《诗学》始终保留原作的语序，句子长短也与原文接近，达到了形式上的对等。

2. 歌德的翻译理论

歌德是享誉世界的文坛巨匠，是近代德国伟大的文学家、翻译家和翻译理论家。他所译的意大利雕刻家切里尼的《自传》、西班牙戏剧家卡尔德隆的戏剧和法国哲学家狄德罗的《拉摩的侄儿》等作品，在整个欧洲文学中都是最有影响的上乘之作。

在歌德看来，翻译是世界事务中最重要、最有价值的活动之一，译者是人民的先知，因此人民应该重视翻译。他认为，文学作品包括诗作的可译性之所以存在，是因为不同的语言在其意思和音韵的传译中有着彼此相通的共性。他把翻译分为三类：传递知识的翻译、按照译语文化规范的改编性翻译和逐字对照翻译。

歌德的翻译理论是建立在浪漫派的美学基础之上的，因此他认为第三类翻译最好，既能传递原文的信息，又可以体现译文的优美。同时，他提出不论外国名著是诗体还是散文体，都应使用平易明快的散文体来翻译。歌德的翻译理论，尤其是以散文译诗和三种翻译类型的主张，对德国以及其他欧洲国家的翻译理论和实践都有很大的影响。

3. 洪堡的翻译理论

洪堡是德国的哲学家、教育改革家和语言学家，对德国在18世纪末至19世纪初成为西欧翻译理论研究中心做出过特殊贡献。《按语言发展的不同时期论语言的比较研究》和《论人类语言结构的差异及其对于人类精神发展的影响》是他的两部代表性论著。此外，他为自己翻译的古希腊戏剧家埃斯库罗斯的《阿伽门农》写过一篇重要的序言。在这些论著中，他用崭新的观点对语言问题进行了深刻的讨论。

洪堡认为，语言和人类思维、民族精神、文化有着密不可分的关系，语言决定思想文化。他提出，可译性与不可译性是一种辩证关系。虽然语言的不同给翻译带来一定的困难，但不同语言之间的翻译是可能的，而且翻译对丰富译入语民族文学和语言起着难以替代的作用．在谈到翻译原则时，洪堡主张把忠实列为翻译的首要原则，但这种忠实必须指向原文真正的特点而不是其他旁枝末节。

洪堡的最大贡献在于他提出了一种两元论的语言观尽管在19世纪这种语言观并没有引起重视，但在20世纪，现代语言学家斐迪南・德・索绪尔、帕尔西格、加丁姆等在洪堡两元论的影响下提出了二分法语言观，即语言可以从“语言系统”和“言语系统”两个方面进行分析，奠定了现当代翻译理论的基础可见，没有洪堡的两元论就没有二分法语言观，也就没有了当今翻译理论的繁荣发展。

4. 施莱尔马赫的翻译理论

施莱尔马赫是一位颇有影响力的德国哲学家和古典语言学家。1813年6月24B，他在柏林德国皇家科学院宣读了一篇长达30多页的论文一《论翻译的不同方法》，从理论上阐述了翻译的原则和方法问题。这篇论文至今仍是翻译研究领域具有标志性意义的重要文献施莱尔马赫在《论翻译的不同方法》中表达了以下几个重要的思想。

（1）翻译可以分为“真正的翻译”阳“纯粹的口译”。施莱尔马赫是西方第一个把笔译和口译明确区分并加以阐述的人。在他看来，“纯粹的口译”主要适用于商业翻译，是一种机械的活动，不值得为之付出特别的学术关注。

（2）“真正的翻译”可以分为“释译”和“模仿”。前者主要指翻译科学或学术类文本，后者主要指处理文学艺术作品。二者的区别在于释译需要克服语言的非理性但可以达到原文和译文之间的等值，模仿可以利用语言的非理性却无法做到在所有方面都与原文精确对应。

（3）译者必须正确理解语言和思维的辩证关系。

（4）翻译有两种不同的途径，一种是使作者向读者靠拢．另一种是使读者向作者靠拢。这一思想后来被美国翻译理论家韦努蒂发展为翻译的归化和异化理论，在翻译界产生了巨大的影响。

（四）西方现多代翻译理论

在现当代，国外涌现出了一大批翻译理论学家，他们对翻译的研究大大丰富了翻译理论的内容，拓展了翻译研究的方向，对世界翻译理论做出了巨大的贡献。这里以学派为分类标准，介绍一些具有代表性的学者的翻译理论。

1. 语言学派

奥古斯汀以亚里士多德的“符号”理论为基础，提出了语言符号的“能指”“所指”和译者“判断”的三角关系，开创了西方翻译理论的语言学传统。20世纪初，斐迪南・德・索绪尔提出的普通语言学理论对语言和言语、语言的历时和共时进行了区分，提炼出了语言符号六对对立统一的性质，深深地影响了其他人文学科，如哲学、人类学、社会学、文化学、历史学、逻辑学、美学等，也极大地影响了西方翻译理论的发展，构筑了此后翻译研究的语言学派的基本框架，为当代翻译研究的各种语言学方法奠定了基础。索绪尔的语言哲学思想为翻译理论研究开辟了新的研究途径，西方翻译学者开始从科学的现代语言学视角来讨论翻译问题，充分运用语言理论来建立自己的翻译模式。翻译语言学派强调翻译过程中语言现象的研究与分析，着重从语音、词汇、句子、篇章等不同的语言结构层次出发来探讨翻译活动的普遍规律，此外，他们以“等值”为理论核心，认为语言和语言之间相互转换的等值方法是解决语言之间翻译问题的根本途径。

翻译研究的这一语言学转向是西方翻译理论发展史上出现的第一次质的突破和飞跃，因此在20世纪40年代到70年代初，翻译被纳入了语言学范畴，被视为比较语言学、应用语言学和语义学的一个分支。语言学派在地域上分布较广，代表性学者也很多，下面介绍其中几位学者的观点。

（1）奈达的翻译理论

著名语言学家和翻译理论家尤金·奈达是公认的现代翻译理论的奠基人，也是语言学派最重要的代表人物之一从1945年开始，奈达共发表250多篇文章，著述40多部，其著述数量之多、质量水平之高、论述之详尽、系统之完备在西方翻译理论史上都是空前的。他的代表性专著有《翻译科学探索》《翻译理论与实践》《语言结构与翻译》《从一种语言到另一种语言》《语言与文化：翻译中的语境》等。

奈达第一个提出“翻译的科学”这一概念，是“翻译科学说”的倡导者，因此翻译语言学派也被称为翻译科学派。他在语言学研究的基础上，把信息论应用于翻译研究，认为翻译即交际，创立了翻译研究的交际学派。他还就翻译过程提出“分析”“转换”“重组”和“检验”的四步模式，此外，他从社会符号学出发，论述了语言符号的相互依存性及对比意义，把符号的意义分解为“当下”“分析”和“综合”三个层次，具有操作性。奈达最有影响力的贡献是提出了“动态对等”的翻译原则，进而从社会语言学和语言交际功能的观点出发，提出“功能对等”的翻译原则。“功能对等”是奈达翻译理论的核心思想，在西方翻译理论发展史上占据了重要的地位。

理论与实践的相互结合确立了奈达的学术地位。尽管如此，奈达的“动态对等”“原则乃至”“功能对等”原则都过于注重内容而忽视形式，有一定的局限性。如果应用于文学翻译，有可能导致风格的失落和文学性的削弱。

（2）卡特福德的翻译理论

卡特福德在1965年发表的《翻译的语言学理论》一书中探讨了翻译的定义和基本类型、翻译等值、形式对应、意义和完全翻译、转移、翻译等值的条件、语法翻译和词汇翻译、翻译转换或翻译转位、翻译中的语言变体以及可译限度等内容，从现代语言学视角诠释翻译问题，是翻译理论史上的划时代著作，在世界翻译学界产生了很大影响。卡特福德的主要翻译理论包括以下几个方面。

①对等值做了较为深入的研究，认为确立语言之间的等值关系是翻译的本质和基础。

②将翻译界定为“用一种等值的语言（译语）的文本材料去替换另一种语言（源语）的文本材料”，并指出对等是关键词，将寻求对等视作翻译研究和实践的中心问题。

③独创了“转换”这一术语，并将“转换”区分为“层次转换”和“范畴转换”两种形式。

④建议采用系统地对比原文和译文，辨别两种语言的不同特征，观察两种语言的限制因素的方法来培训翻译人员。

卡特福德摆脱了传统的印象式翻译研究方法，详尽分析了翻译等值的本质和条件，对语言转换的规律进行了科学的阐述，是20世纪少有的有原创性的翻译理论家。

（3）雅各布逊的翻译理论。

美国著名语言学家罗曼·雅各布逊于1959年发表的《论翻译的语言学问题》第一次将语言学、符号学引进了翻译学，并从语言学的角度对语言和翻译的关系、翻译的重要性及翻译中存在的一般问题进行了详尽的分析和论述，为当代语言学派翻译研究的理论方法做出了开创性的贡献，被奉为翻译研究经典之作。在这篇论文中，雅各布逊首次将翻译分为三类：语内翻译、语际翻译和符际翻译，这一分类方式准确概括了翻译的本质，在译学界影响深远。此外，雅各布逊认为翻译必须考虑语言的认识、表达和工具等功能，还必须重视语言的比较，包括语义、语法、语音、语言风格及文学体裁的比较。

雅各布逊的研究领域十分广泛，这种多领域跨学科的研究使他在沟通欧美语言学的交流中起到了突出作用。其著作《语言学与诗学》入选100位哈佛大学教授推荐的最有影响的书雅各布逊的语言功能理论给翻译研究提供了超越词汇、句子以外的语境模式，探讨了翻译中语言的意义等值、可译性和不可译性等翻译理论和实践中的根本问题，他对语言和翻译的新颖而全面的论述开启了20世纪翻译研究的语言学派的大门。

（4）纽马克的翻译理论

英国学者纽马克在奈达、卡特福德等人翻译思想的启迪下，将跨文化交际理论和现代语言学的研究成果（如格语法、功能语法、符号学和交际理论等）运用到翻译研究中，形成了自己在许多翻译理论问题上独到的见解和认识。他提出了“交际翻译”和“语义翻译”的概念，还提出自己的一套文本功能及其分类。

在1981年发表的《翻译问题探索》中，纽马克提出的“语义翻译”和“交际翻译”两个重要的翻译策略成为西方翻译研究史上的重要里程碑纽马克认为，语义翻译和交际翻译的区别是，后者产生的效果力求接近原文文本，前者则在目标语结构许可的情况下尽可能准确地再现原文意义和语境。但是，在翻译中具体采用哪一种翻译方法还要考虑到不同的文本类型，这样才能达到效果等值。语义翻译法和交际翻译法是纽马克翻译理论的核心，也是其翻译理论中最主要、最有特色的组成部分1991年，针对原有理论中的不足，纽马克又提出了一个新的翻译概念，并于1994年将其正式定义为“关联翻译法”，即原作或译出语文本的语言越重要，就越要紧贴原文翻译。这标志着他的翻译理论渐趋系统和完善。

此外，他借鉴、修正和补充了雅各布逊的功能模式，将文本功能分为表情功能、信息功能、呼唤功能、审美功能、寒暄功能、元语言功能，使文本的功能分析更加系统和完备。

在此基础上，他试图通过对源语和目的语系统的比较和描述来建立文本类型的样板。纽马克勤于著述，他的代表作有《翻译教程》《关于翻译》《翻译散论》等。

2. 功能学派

德国的功能翻译理论产生于20世纪70年代到80年代，当时结构主义语言学对德国译学界的影响越来越大，导致翻译成为语言学的附属品，严重制约了翻译这一学科的发展。理论与实践的严重脱节促使一些学者寻找新的途径，功能学派应运而生。

功能学派翻译理论认为，要想解决翻译研究中的所有问题，不能完全依靠纯语言学理论。因此，他们针对翻译语言学派中的薄弱环节，广泛借鉴交际理论、行为理论、信息论、语篇语言学，并接受美学的思想，将研究的视角从源语文本转向目标文本，成为当代德国翻译界影响最大、最活跃的学派。

功能学派翻译理论推翻了原文的权威地位，帮助译者摆脱了传统的对等、转换等语言学翻译方法的羁绊，转而运用功能和交际方法来分析、研究翻译，在翻译理论史上有着重要的意义它的诞生标志着流行于20世纪50年代至70年代的结构主义语言学统治地位的结束。下面介绍功能学派中具有代表性的学者的翻译理论。

（1）莱斯

莱斯毕业于海德堡大学翻译学院，长期在高校从事翻译教学研究工作，是德国翻译功能学派早期重要的创建者之一，也是费米尔、曼塔里和诺德的老师。

莱斯早期的理论研究主要围绕对等概念展开。她认为，翻译追求的对等应该是语篇层面的对等，并非词、句的对等，所以主张将翻译策略和语言功能、语篇类型及文章体裁结合起来考察。但到了后期，在自身翻译实践的启发下，她认识到在翻译实践中不可能实现真正的对等，于是逐渐将研究的目光转向翻译的功能，并和弗米尔一起成为翻译研究功能论的倡导者。莱斯于1971年出版《翻译批评的可能性与限制》一书。在这本书中，莱斯首次把功能范畴引人翻译批评，将语言功能、语篇类型和翻译策略相联系，发展了以原文与译文功能关系为基础的翻译批评模式，从而提出了功能派理论思想的雏形。目前，翻译理论界普遍认为《翻译批评的可能性与限制》一书标志着功能学派的创立。

莱斯借鉴卡尔·比勒对语言功能的三分法，将语篇分为重内容文本、重形式文本和重感染文本三个类型。在安德鲁·切斯特曼的德文版本里，她将这三个类型分别称为信息文本、表情文本和感染文本一些翻译理论书籍将这三个类型概括为信息型、表达型和操作型。莱斯认为，不同的文本类型决定不同的翻译方法。每一种语言功能都有一个相对应的语言层面，逻辑功能对应信息层面，审美功能对应表情层面，对话功能对应操作层面。能否传达原文的主导功能是评判译文的重要因素。另外，她认为目标文本的形态应该先由目标语境中所要求的功能和目的决定，功能随接受者的不同而改变。

莱斯的功能类型及其翻译方法超越了字、词、句的层面，力图再造适当的功能效果，以达到交际目的。除此之外，这种分类将文本概念、翻译类型、翻译目的联系在一起，强调任何一种翻译类型都是在特定环境中为特定的翻译目的服务。这些观点为功能翻译理论的形成奠定了坚实的理论基础3但是，莱斯的理论由于自身的局限性受到不少学者的质疑。比如，语言的功能是否只有三种，不同类型文本之间的界限是否如其所言那样分明，仅凭语篇类型来决定翻译的策略是否可行，等等。也就是说，莱斯对文本类型的划分只在译文要实现的功能和原文功能对等的时候才有意义。正因为如此，莱斯的功能对等论不被视为常规标准，而只被当作特殊标准。

（2）弗米尔

弗米尔长期从事翻译教学研究工作，是杰出的语言学家。他在莱斯的指导下研究语言学和翻译理论，突破了莱斯的理论局限，创立了目的论。

作为一名有长期翻译实践经验的译者，弗米尔认为翻译不但是语言符号的转换，而且是一项非言语行为。翻译符号的使用是为了达到一定目的，且会涉及不同的跨文化模式。因此，弗米尔在现代语言学（实用语言学、语言行为论、话语语言学）和美学的启发和影响下，在与莱斯合著的《普通翻译理论原理》一书中提出了以翻译“目的论”为主的基本理论。目的论影响深远，功能学派因此也被称为“目的学派”。目的论坚持两个原则：目的原则、连贯原则和忠实原则。

①目的原则将行为理论引入翻译理论中，认为翻译行为所要达到的目的决定了翻译所应采取的方法、策略。

②连贯原则具体指语篇内连贯，即译文必须符合逻辑，符合译入语的表达习惯，能够让译文读者理解，并在目的语文化以及使用译文的交际环境中有意义。

③忠实原则具体指语篇间连贯，即译文不违背原文，译文和原文存在某种联系，并不要求译文和原文在内容上一字不差。目的论所要求的忠实，其程度和形式是由译文的目的和译者对原文的理解来决定的。

在上述三个原则中，语篇间连贯从属于语篇内连贯，而二者同时受目的原则的统领。也就是说，当目的原则要求语篇间或者语篇内不连贯时，二者都将失去作用：目的论的出现标志着翻译的研究角度由以语言学和形式翻译理论为主转向更加倾向于功能化和社会、文化方向，因而成为功能主义翻译理论最核心的理论。

（3）曼塔里

曼塔里是德国籍翻译学者和翻译家，长期在荷兰工作。她借鉴冯·莱特的行为理论和里宾的功能语用学提出翻译行为论，进一步发展了功能派翻译理论。1984年发表的《翻译行为——理论与方法》一书集中体现了她的学术观点。曼塔里认为：“目的语的文本功能并不是从分析原文文本中自动获得的，而是通过跨文化交际的目的，从语用角度达到目的语文本的功能。”换句话说，译文功能与原文功能不同，根据语境做出“功能改变”是译者主体性的体现。功熊改变不是例外，而是常态。

此外，曼塔里特别重视行为参与者（信息发出者、译者、译文使用者、信息接受者）和环境条件（时间、地点、媒介）。她对自己理论模式中参与者的角色做了这样的分析：

信息发起者可以是需要翻译的公司或个人，委托人是译者的联系人。原文文本的生成者是创作原文文本的人，但不一定与翻译有关目的语文本的生成者就是译者，而目的语文本的使用者是具体使用译文的个人。目的语的接受者是目的语最终的受众。从一开始，译者在翻译行为中扮演至关重要的角色，是跨语际转换的专家和任务的执行者。

（4）诺德

克里斯蒂安·诺德在学术思想上深受莱斯的文本类型学的影响。此外，她积极倡导弗米尔的目的论，认同曼塔里的翻译行为理论，是功能学派目的论的第二代代表性人物 3 她首次用英语全面、系统地介绍了功能学派的各种学术思想，并针对其不足提出了自己的观点。

诺德的研究领域主要涉及功能主义目的论的哲学基础、语篇分析及翻译类型等。她尤其关注译文接受者的研究、双语能力与译者培训、翻译培训的过程、忠诚原则、决定忠诚原则的因素、译者的责任与地位等方面的问题，代表作有《翻译中的文本分析》和《目的性行为——析功能翻译理论》。

“功能加忠诚”原则中的“功能”指的是“使译文对译语文化接受者起作用的目的”，而“忠诚”属道德范畴，关注翻译活动参与者之间的关系，强调的是“译者应当把翻译交际行为所有参与方的意图和期望都加以考虑”诺德提出的功能加忠诚模式其实走的是折中路线。理论上貌似完美，可以自圆其说，但在实际运用中困难重重，再加上诺德使用的是语篇分析的模式，这使她最终不能走出对等的局限。

（三）西方女性主义翻译理论

始于20世纪60年代的西方第二次妇女运动高潮促使女性主义者将视野投向文本。她们以解构主义的理论为武器，希望通过解构传统的男性中心主义话语，建立全新的男女平等关系。20世纪80年代，翻译研究开始了轰轰烈烈的“文化转向”大潮，许多传统观念都受到挑战或解构，被压抑已久的各种力量纷纷揭竿而起，以期能重塑自己的文化身份。在这样的大背景下，形成了女性主义翻译理论。

女性主义翻译理论探讨了女性主义与翻译的历史渊源、对翻译的影响及作用，颠覆了传统译论中原文与译文的主仆关系，瓦解了传统译论关于译文要忠实于原文的观点，给翻译研究带来全新的启迪。女性主义翻译理论的主要代表人物有雪莉·西蒙、钱伯伦、冯·弗罗托等。

1. 西蒙

西蒙是著名翻译理论家、文化专家，是当代女性主义翻译理论最有影响力的声音。

《翻译的性别：文化认同和政治交流》主要探讨作为政治与文学运动的女性主义对翻译理论和实践的影响，是西蒙重要的译学理论专著之一，是西方第一本全面论述女性主义视角下的翻译问题的学术性专著，也是女性主义翻译理念最广为阅读的著作。

西蒙摒弃了传统的翻译理念，认为翻译不是简单机械的语言转换，而是无限的文本链与话语链中的意义的不断延伸。此外，西蒙从建构主义的观点出发，指出翻译的衍生性和女性的从属性、在历史上的低下地位都是一种建构性别像其他文化身份一样，是身份与经验的构成因素，是由社会意识和话语建构的西蒙通过系统考察西方尤其是加拿大女性作家和女性译者的话语实践，为女性主义翻译理论奠定了坚实的基础。

2. 钱伯伦

钱伯伦是美国翻译家和女性主义翻译理论家，曾在《当代文学》《国际小说》《符号》发表过论文。其发表于《符号》的文章《性别和翻译的隐喻》是女性翻译研究的经典代表作在《性别和翻译的隐喻》中，钱伯伦通过梳理西方翻译史上 17 世纪到 20 世纪关于翻译的性别化隐喻，深入探究这些隐喻中所隐含的性别政治。钱伯伦指出："尽管我们所看到的翻译的隐喻试图给翻译的次等地位披上一件阳性语言的外衣，但是西方文化却极力强化这种次等地位，坚持赋予翻译女性化的地位。"因此，对长期流传于西方的男女之间的等级关系、文本的等级关系以及这种带歧视性的隐喻必须予以消解这样，我们才能真正理解翻译，承认女性的平等地位。

钱伯伦通过后结构主义理论的运用，解构了原文和译文、男性和女性的边界，提高了女性译者的政治文化地位和女性译者的主体地位，对翻译理论界产生了巨大的影响。

3. 弗罗托

弗罗托是加拿大著名的女性主义翻译理论家，她的性别研究渗透到了学术研究与文艺翻译的各个方面。她对女性文化的深入研究深刻地影响了她的翻译实践、翻译理论与翻译批评观点，使翻译成为探索性别与文化相互作用的重要领域。

弗罗托在翻译研究领域的探索可谓硕果累累，1997 年出版的翻译理论专著《翻译与性别》是继西蒙《翻译中的性别》之后女性主义视角下的又一力作，该书将翻译置于女权运动及这场运动对"父权"语言的批判背景中，聚焦翻译对父权社会中作品的重现，阐述了女性实验性作品的翻译实践。

弗罗托的女性主义翻译理论充分吸收了当代各种理论思潮，并以此来建构自己的译论同时，她采用实证的研究方法，从北美女性作家着手收集了大量素材，从翻译技术角度进行微观分析弗罗托认真分析了女性主义翻译理论存在的问题和面临的挑战，并清醒地认识到女性只是为女性翻译提供一个起点，性别的语言在不同语境中可能有不同的含义，因此需要采用不同的、动态的翻译策略来翻译女性的语言和文化，弗罗托的研究对西方整个女性主义翻译理论和实践产生了极其深远的影响。

第四节　翻译基本问题的阐述

一、直译与意译

直译与意译的问题一直是一个争论不休的问题。在有些情况下，直译和意译不构成翻译问题。比如，“I like the movie”译成“我喜欢这个电影”就没有直译和意译之争，因为直译和意译完全是一回事。但由于英汉语言间差异非常大，译者往往会面临两种选择，即一个句子可以直译，也可以意译。在这种情况下，到底采取直译法还是意译法就会引起人们的争论。当然，不同的人在用这两个概念时所指可能会十分不同，有些人认为逐字翻译为直译，但大部分人都认为直译并不一定要到“逐字”翻译的地步。一般来说，比较遵照原文语言结构的译法就是直译，而脱离原文语言结构的束缚，只译意思的译法可称为意译。逐字翻译、直译、意译和解释翻译之间并没有十分清楚的界限，但用直译和意译这两个概念来讨论翻译还是很有用的。

直译的缺点显而易见，它常使译文读起来吃力，所以大多数人都主张不把直译作为翻译的主要手段，只是在一些特殊的文本中酌情使用直译。但也有人给予直译更高的地位，如翻译理论家纽马克就认为自己颇认同直译这个概念。他的观点是基于自己在印欧语言之间翻译的实践，并不一定适用于英汉翻译在英汉翻译领域，尽管直译应该有其一席之地，但广为大众接受的译文很少是以直译为主要手段的。

意译虽然被大多数译者采用，但有时也会带来一些问题意译超出了限度就会扭曲原文的意思，把原文没有的意思加到译文中。一般来说，如果原文的意义不是通过语言形式表达的，那么意译不会丧失意义如果原文的意义有一部分是通过语言形式本身表达的，则意译往往会抹掉那些由形式附带的意义。上述说法在理论上是正确的，但在英汉翻译实践中可能行不通，如有些文学作品中的意义是通过语言手段表达的，本该用直译法表达才可反映出语言形式所载的意义英汉语言差别很大，照原文搬过来的译法在印欧语言间也许可以接受，但在英汉翻译时，汉语不能接受这类表达法。因此，有些中国学者主张在翻译文学作品时多用意译。刘宓庆将诗歌之类的文学作品放到不求字面对应，但求保证可读性一类，认为有时必须完全意译方能达意。这种主张与西方理论家们将文学作品列入表情类，应采用直译的理论似略有不同。其实，文学作品也不能一概而论，有些作品适合多用直译，有些则适合多用意译，要因文本而定。

英汉翻译中有些句子显然应该用直译，有些则只能用意译，对这些显而易见的情况，译界往往没有争议，直译和意译确实常常交替使用，相互可以取长补短。翻译实践中还常会遇到一些既可直译也可意译的情况．这时到底取直译，还是取意译就会成为一个问题。比如，“A man may usually he known by the books he reads as well as by the company he keeps；for there is a companionship of books as well as of men.”这句话有人采用比较直接的译法译成：“人往往可以从一个人所交往的朋友以及所阅读的书去猜他的为人。这是因为人与人之间有友谊，同样，人与书之间也有书谊。”但有的译法意译成分更多，如：“所谓欲知其人，先观其友，猜一个人读什么书也能了解一个人，因人不仅能与人为友，还能与书为友。”上面两句虽然都有些值得进一步推敲的地方，但都是中文读者可以接受的这就引出了一个问题，如果两种方法都可以，到底用哪一种？回答这个问题必须从更大的范围着手，孤立地谈直译和意译实际上没有多大价值一个句子到底应直译还是意译，往往要考虑到文本、读者甚至翻译目的等因素，没有一个一成不变的定理。北京大学辜正坤教授在讨论文学翻译时，对直译和意译有一段十分精彩的论述，概括得很全面：“直译、意译各有千秋，译者依据功能、审美、读者层三要素，宜直译就直译，宜意译就意译，能神游于规矩之内，亦能神游于规矩之外，能循规蹈矩，亦能叛道离经，方称得上翻译的行家里手。”

但有一点应该牢记，当今英汉翻译活动的主体并非文学翻译。在经济、科学、新闻、政论等文本中，语言形式不是关键的因素，译文就应尽量保持译入语的特色。在英汉翻译中发挥中文的优势始终是译者要努力的方向。这一点在当今全球化的大背景下尤为重要。因此，假如直译法有悖汉语行文习惯，造成翻译腔，译者就应该采用意译法。换句话说，在大多数情况下，略偏重意译仍然是应该提倡的。不过，对于较正式的文本，如政、经、法方面的文件等，不过度偏离原文的译法仍然会频繁使用。

二、功能对等与形式对应

这一对概念实际上早有人提出，由奈达加以完善，成为翻译理论研究中一对很重要的概念。所谓功能对等，是指译文要在语言的功能上和原文对等，而不是在语言的形式上和原文对应。形式的对应是机械的，表面上看和原文一样，但由于语言系统不同，相同的语言形式并不一定能起到相同的效果。比如，“He is the last person I will ask for help.”可以译成“他是我会要求帮助的最后一个人”，以求形式上与原文对应。但本句的实际意思是“我是不会求他的。”后面的译法在语言形式上完全和原文不同，却在语言的功能上和原句对等。又如，美国的中学生常会和家长说：“Tomorrow is a minimum day，could you pick me up at noon?”其中，minimum day 如果译成“最小日”，是保留了原文语言的形式，但谁都看不懂是什么意思。所以，译者应求得本句在汉语中功能的对等，而放弃形式对应，可译为：“明天只上半天课，提前放学，能在中午就来接我吗？”

根据奈达的理论，功能对等是以读者的心理反应为基础的，也就是说，原文读者读原文的心理反应和译文读者读译文的心理反应相似功能对等理论有很多优点，最主要的是有利于信息的交流。用功能对等法译出的句子符合译入语行文的习惯，没有翻译腔，一看就懂但反对功能对等的人则说，功能对等太灵活，会漏掉或歪曲原文中的信息。

虽然功能对等和意译、形式对应和直译在概念上不同，但它们实际上从不同的概念出发，殊途同归，引出了跨语言交流中的问题。

三、原文形式与内容

内容和形式之争是文学批评领域的主要焦点，在跨语言交流中显得更加突出。大部分情况下，原文语言形式不是译者要传译的，英汉两种语言在语言形式上截然不同，所以在翻译上不必去反映原文的形式，只要将原文的内容译出来就可以。但作家的艺术特征是由语言形式来反映的，形式就变得很重要了。这种情况下，有必要在反映内容的同时照顾到语言的形式。

我们有必要记住，在翻译过程中译者面临的最大的障碍毕竟是来自原文的语言形式，过于强调形式的译法往往会使译文缺乏可读性。所以，尽管在个别情况下有必要在译文中反映原文中有特殊意义的形式，但翻译过程中总的策略应该是偏重内容。

四、源语与译入语

前面几对概念主要和言语行为有关。源语和译入语这对概念则还涉及语言体系。有人主张译文应靠近原文，因为语言反映文化，原文中的语言特色即使不是作者风格的体现，也有必要在译文中表现出来，因为原文的语言特色反映了原文所在文化的特色，译者有必要将这种特色介绍过来。他们还认为，过多地为读者着想会“宠”坏读者，应该相信译文读者有解读原文语言形式的能力，靠近原文的译法把读者拉到源语中，使读者能“身临其境”地欣赏外国作品，是文化交流的重要内容。

这种说法实际上是让翻译承受过多的责任。语言形式不应该拿来当作文化介绍的工具。除了为某一特殊目的，如用靠近源语的译法翻译以反映原文表达的文化特点，以供学术研究所用，大多数情况下，译者翻译的任务还是以传达信息为主介绍源语文化不应该以牺牲译入语表达习惯为代价，因为靠近源语的译法总是会生成很多不符合译入语习惯的句子，真正想通过语言了解外国文化，有必要鼓励读者学外语、读原文，因此翻译的基本方法应该主要是向译入语靠拢，尽量发挥译入语的优势。

五、原作者与读者的中心问题

这对概念从不同的角度讨论上面谈到的相同的问题如果译文以原作者为中心，则可能反映出原文的一些行文特色；如果译文以读者为中心，则可能发挥译入语的优势。原则上讲，不应以原作者为中心，但这也要看原作者是否重要一个会议记录的作者和一个获奖文学作品的作者就不能说同样重要大部分文本的作者都应该“隐藏”在文本背后，不应该在文本中显露出来。一篇电脑软件使用说明、一个法律条文、一则食品广告等都不会呈现原作者的“影子”。也就是说，读这些文本后，读者看不出作者为何人但有些文本则可能“文如其人”。一读作品，读者马上就会感到与众不同，遣词造句、布局谋篇都有原作者留下的痕迹。因此，一般认为，如果文如其人，译者除了翻译原文的内容外，也有必要使译文能文如其人。大部分西方翻译家都认为在译文中保留原文的语言形式是使译文文如其人的方法但也有人认为，相对等的语言形式在译文中不一定起到同样的效果，主张用符合译入语的相似的语言形式来达到文如其人的效果如果这样做不到，也就只好把它归人翻译的不可译性。我们并不绝对排除有时以原作者为中心会是译者所应采取的方法，但这种译法所占的比例是相当小的。翻译的总原则是以读者为中心，这一点在英汉翻译中尤为突出。

六、原作者写作与译者翻译的联系

人们动笔写作一般都有目的，无论是原作者还是译者总是为了某一目的而动笔。在大多数情况下，原作者的目的和译者的目的基本一致。用英文写一个电脑操作过程的人是为了让顾客了解如何操作电脑，翻译这个操作过程的译者也是为了让不懂原文的顾客了解如何操作电脑，所以原作者和译者目的相同，都是要将信息准确地传达给读者。一则服装广告的作者希望用广告影响顾客的行为，让其看了广告后会花钱买产品。一个译者翻译同一则广告的目的也是影响顾客，促进消费。一份经济合同的作者希望合同能成为某项经济活动的基础，翻译这个合同的人也希望不懂原文的人能看懂原文的内容，以便使合同中的经济活动可以展开。一则交通广告的作者希望用广告将有关交通的信息告诉大众，同一则广告的译者也有相同的目的。因此，大部分翻译工作的目的和原文写作的目的相同，这些文本有一个特性，即都是为一个非常实用的目的而写，翻译的目的也十分实用。但不是所有翻译的目的都和原作目的相同。诗人写一首诗可能是为了表达自己的情感。译者将诗直译成中文，以便进行英汉语言对比，译者的目的就和原作者不一样。例如，戴高乐在第二次世界大战时的一些讲话有鼓舞士气的目的，半个世纪后，戴高乐的讲话已成历史文件，翻译后的这些讲话就不是戴高乐原来的目的。

这就引出不同目的、不同读者和不同译文的问题。一首英文诗可以译成五言诗，供喜爱唐诗的人欣赏；也可以译成同曲，供喜爱词曲的人欣赏；更可以译成现代诗，供喜欢白话诗的人欣赏译者服务对象不同、目的不同，译文也可以迥异。

也有人不同意上面的看法，认为原作只有一个，译文也应该是一个，不应该千面千腔，最终在译文中找不到原作的影子。然而，翻译毕竟有其局限性，很多文化内涵强的作品一旦完成，就很难恢复其原貌，因为时过境迁，作品依旧，但作品存在的环境变化了。同一语言文化已如此，何况跨语言文化的翻译。因此，翻译文化内涵强的作品从来都有侧重，因为译者服务的对象不同，翻译的目的不同。

分析了这几对概念之后，我们对“原文的意思在译文中表达出来”就有了理性的认识。这些概念从不同的角度切入，讨论翻译的核心问题。虽然角度不同，但都落实到同一个焦点上，即如何将原文的意思在译文中表达出来了解了这些基本概念后，我们就会更清楚地认识那些五花八门的翻译标准和原则。这些标准和原则是不同的人从不同的角度，在不同的时空里，对同一问题的解决之道。它们一方面反映了标准设立者在翻译研究上的聪明才智，另一方面反映了他们在翻译研究中左右为难的境遇，因为翻译本身就是一件令人左右为难的事。

不同的人有不同的理论，依照有些理论从事翻译实践，译出来的文章有原文的影子；但依照另一些理论从事翻译实践，译出来的文章完全像译入语。原文的影子在译文中可浓，可淡，可无。有人主张在译文中保留一些“异国情调”，有人则主张用地道的译入语。这之间如何把握、如何拿捏，不仅在理论上有着重要的概念，在实践中也需要倾注大量的精力去研究。

第二章　跨文化与英汉翻译

第一节　文化差异对翻译的影响

翻译不仅是一种语言间的转换活动，更是一种文化之间的信息交流活动。从某种程度上来看，译者对英汉文化差异的正确解读对翻译的成败起着至关重要的作用：概括来说，文化差异对翻译的影响主要体现在以下两个方面。

一、文化误译

文化误译是由文化误读引起的，是指在本土文化的影响下，习惯性地按自己熟悉的文化来理解其他文化。文化误译是中国学生在英汉翻译中经常出现的问题。

在英汉翻译教学中，教师应引导学生不断地扩充英语文化背景知识，要求学生在英汉翻译时根据具体语境，并结合文化背景，准确地理解原文的含义，然后选择恰当的翻译技巧进行翻译，切忌望文生义。

二、翻译空缺

翻译空缺是指任何语言间或语言内的交际都不可能完全准确、对等更何况，英汉语言分属不同的语系，翻译的空缺现象在英汉语言交际中表现得尤为明显，给翻译的顺利进行带来了障碍。在英汉翻译教学中，教师应该提醒学生注意这一现象，英汉翻译中常见的空缺有词汇空缺和语义空缺两大类。

（一）英汉词汇空缺

尽管不同语言之间存在一定的共性，但也存在各自的特性。这些特性渗透到词汇上，就会造成不同语言之间概念表达的不对应。这和译者所处的地理位置、自然环境，所习惯的生活方式、社会生活等相关。

有些词汇空缺是因生活环境的不同而产生的。例如，中国是农业大国，大米是中国南方主要的粮食，所以汉语对不同生长阶段的大米有不同的称呼，如长在田里的叫“水稻”，脱粒的叫“大米”，煮熟的叫“米饭”。相反，在英美国家，不论是“水稻”“大米”还是“米饭”都叫 rice。

语言是不断变化发展的，随着历史的前进、科技的进步，新词汇层出不穷。例如，1957 年 10 月第一颗人造地球卫星发射成功后就出现了 spumik 一词，该词随即也在世界各国的语言中出现了词汇空缺。再如，1957 年 7 月，当美国宇航员登上月球后，英语中首次出现了 moon craft（月球飞船），moon bounce（月球弹跳），lunar soil（月壤），lunar dust（月尘）等词，这也一度成为各国语言的词汇空缺。

因此，教师在英汉翻译教学中要特别注重词汇空缺现象的渗透，要求学生认真揣摩由词汇空缺带来的文化冲突，指引其采用灵活的翻译方法化解矛盾，翻译出优秀的文章。

（二）英汉语义空缺

英汉语义空缺是指不同语言中表达同一概念的词语虽然看起来字面含义相同，但实际上却存在不同的文化内涵。以英汉语言中的色彩词为例，它们在大多数情况下都具有相同的意义，但在某些场合，表达相同颜色的英汉色彩词却被赋予了不同含义。例如：

Black and blue 青一块，紫一块

Brown bread 黑面包

green-eyed 眼红

black tea 红茶

brown sugar 红糖

turn purple with rage 气得脸色发青

因此，教师在日常的翻译教学中要不断引起学生对语义空缺现象的注意，遇到空缺时尽量寻求深层语义的对应，而不是词语表面的对应。

需要说明的是，语义空缺还表现在语义涵盖面的不重合，即在不同语言中，表达同一概念的词语可能因为语言发出者、语言场合等的不同而产生不同的含义。例如，英语中 flower 除了作名词表示“花朵”以外，还可以作动词表示“开花”“用花装饰”“旺盛”等含义，而这种用法是汉语中的“花”所没有的。相应地，汉语中的“花”作动词时常表示“花钱”“花费”等含义，这也是英语中的 flower 所没有的。可见，英语中的 flower 和汉语中的“花”表达的基本语义虽然相同，但在具体使用中，二者差别极大。因此，教师应引导学生注意词语在语言交际中产生的实际语义，从而在翻译时实现语义空缺的弥合。

第二节　文化翻译的原则与策略

一、文化翻译的原则

很多人都误认为翻译是一种纯粹的实践活动，根本不需要遵循任何原则，并提出了“译

学无成规”的说法。还有不少人认为，“翻译是一门科学，有其理论原则。”然而，金缇和奈达在两人合编的《论翻译》中指出：“实际上每一个人的翻译实践都有一些原则指导，区别于自觉和不自觉，在于那些原则是否符合客观规律。”可见，翻译原则是指翻译实践的科学依据，是一种客观存在。历史上大量的翻译实践也证明，合理地使用翻译原则指导翻译实践活动会收到事半功倍的效果。

同样，基于文化差异下的翻译活动也必须遵循一定的原则。奈达在《语言·文化·翻译》中提出，翻译中的文化因素应该受到更多的重视，他进一步发展了“功能对等”理论。当奈达把文化看作一个符号系统的时候，文化在翻译中获得了与语言相当的地位翻译不仅是语言的，更是文化的。因为翻译是随着文化之间的交流而产生和发展的，其任务就是把一种民族的文化传播到另一种民族文化中去。因此，翻译是两种文化之间交流的桥梁。据此，有专家从跨文化的角度把翻译原则归结为“文化再现”，分别指如下两个方面：再现源语文化的特色和再现源语文化的信息。

二、文化翻译的策略

在跨文化翻译过程中，干扰翻译的因素有很多，这就需要译者灵活地处理，运用恰当的翻译策略。

（一）归化策略

归化策略是指以译语文化为归宿的翻译策略。归化策略始终恪守本民族文化的语言习惯传统，回归本民族语地道的表达方式，要求译者向目的语读者靠拢，采取目的语读者所习惯的表达方式来传达原文的内容，即使用一种极其自然、流畅的本民族语表达方式来展现译语的风格、特点。归化策略的优点在于可以使译文读起来比较地道和生动。

另外，对于一些蕴含着丰富的文化特色、承载着厚重的民族文化信息和悠久文化传统的成语与典故，也可采用归化翻译策略。例如：

Fish in troubled waters 浑水摸鱼

Drink like a fish 牛饮

Where there is a will，there is a way. 有志者，事竟成。

Make hay while the sun shines. 趁热打铁。

There is no smoke without fire. 无风不起浪。

To seek a hare in hen’s nest. 缘木求鱼。

Fools rush in where angels fear to tread. 初生牛犊不怕虎。

当然，归化翻译策略也存在着一定的缺陷，即它滤掉了原文的语言形式，只留下了原文的意思。这样，译语读者就很有可能漏掉一些有价值的东西。如果每次遇到文化因素的翻译，译者都只在译语中寻找熟悉的表达方式，那么译文读者将不会了解源语文化中那些新鲜的、不同于自己文化的东西。长此以往，不同文化间就很难相互了解和沟通。

以霍克斯对《红楼梦》的翻译为例，从其译文中可以感受到好像故事发生在英语国家一样，具有很强的可读性，且促进了《红楼梦》在英语世界的传播，但其也改变了《红楼梦》里丰富的中国传统文化内涵。

（二）异化策略

异化是相对于“归化”而言的，是指在翻译时迁就外来文化的语言特点，吸纳外来语言的表达方式，要求译者向作者靠拢，采取相应于作者所使用的源界表达方式来传达原文的内容。简单地说，异化即保存原文的“原汁原味”。异化策略的优势是，它为译语文化注入了新鲜血液，卡富了译语的表达，也利于增长译文读者的见识，促进各国文化之间的交流。

（三）归化与异化相结合策略

作为跨文化翻译的两个重要策略，归化与异化同直译与意译一样，属于“二元对立”的关系，二者均有自己适用的范围和存在的理由，然而没有任何一个文本只用归化策略或者异化策略就能翻译.因此只强调任意一种都是不完善的，只有将归化和异化并用，才能更好地为翻译服务。归化与异化结合策略有利于中国文化的繁荣与传播。随着中国在经济与政治上的强大和全球一体化的深入，世界文化交流日益加强，中西文化的强弱被渐渐淡化。翻译家们越来越尊重源语的文化传统，采用“异化”翻译，尽可能地保留源语文化意象。例如，北京奥运会吉祥物“福娃”的国际译名，经过多方的商议，最终由 Friendlies 更改为 Fuwa。

（四）文化调停策略

文化调停策略是指省去部分或全部文化因素不译，直接译出原文的深层含义。文化调停策略的优势是，译文通俗易懂，可读性强。当然，文化调停策略也存在一定的缺陷，即不能保留文化意象，不利于文化的沟通和交流。

第三节　英汉翻译的基本技巧

英汉翻译技巧是英汉翻译研究的一个重要内容，但目前还没有哪个技巧是完全行之有效的。本节仅介绍目前较为常见的英汉翻译技巧，以期为英汉翻译者的翻译活动提供些许参照，具体采用哪种技巧，还需要根据具体情况而定。

一、词汇的翻译技巧

（一）词类转换法

所谓词类转换法，是指翻译时在保持原文内容不变的前提下，改变原文中某些词的词类，以使译文通顺自然，合乎译入语的表达习惯。常见的词类转换方式有转译成动词、转译成名词、转译成形容词。

1. 转译成动词

（1）名词转译成动词

【例 1】The sight of the boy reminds me of his passed father.

看到那个男孩，使我想起了他已故的父亲：

该例中的名词 sight 被译为动词“看到”。

【例 2】International trade is the exchange of goods and services produced in one country for goods and services profluced in another.

国际贸易就是将一个国家生产的商品和提供的服务与另一个国家生产的商品和提供的服务进行交换。

（2）形容词转译成动词。

【例】To my great surprise，I became aware of a surfer off the shore，patiently padding his board while he is waiting for a perfect wave.

令我吃惊的是，我看见一个冲浪者离岸很远，耐心地踏着滑板，等待一个最理想的浪头。

该例中的形容词 aware 被译为“看见”

（3）副词转译成动词。

【例】Families upstairs have to carry pails to the hydrant downslairs for water.

住在楼上的人家得提着水桶去楼下的水龙头打水：

该例中的 upstairs 和 downstairs 被分别译为“住在楼上”和“去楼下”。

（4）介词转译成动词。

【例】This is the key to the window.Open the window to escape in case of fire.

这是打开窗户上锁子的钥匙。如果遇到火灾，打开窗户逃走。

原文中的介词 to 和 in case of 被巧妙地翻译成汉语的动词“打开”和“遇到”。

2. 转译成名词

可以将原文中的词类转译成译文中的名词的情况主要有下面几种。

（1）英语中含有很多由名词派生出来的动词，以及名词转用动词，当其在汉语中很难找到对应的动词时，就可以将其转译成汉语名词。

（2）一些英语被动句中的动词，可以译为“受（遭）到……+ 名词”“予（加）+ 名词”结构。

（3）英语中一些形容词在特定的上下文中，一般可译为名词，一些形容词加定冠词可以表示某个种类，也可译为汉语中的名词。

3. 转译成形容词

英语中由形容词派生的名词可以转译成形容同。

（二）增词法与减词法

1. 增词法

所谓增词法，是指在原文基础上增加必要的词、词组、分句或完整的句子，以使译文在语义、语法、语言形式上符合译文习惯，在文化背景、词语连贯上与原文一致，使文字更加清楚。通常来说，增词可用于下面几种情况。

（1）因语法需要而增词。

（2）为意义表达清晰而增词。

2. 减词法

所谓减词法，是指将原文中需要而译文中不需要的词去掉减词法一般可以用于以下几种情况。

（1）因语法需要而减词。

（2）因修辞需要而减词。

（三）音译法

将原文的发音直接转换成译入语相同或相近的语音，这种方法叫作“音译法”。

二、语篇的翻译技巧

（一）段内衔接

由于英汉语言之间的差异性，所以译者不能对原文段落中的句子进行死译，否则会造成文章的逻辑线索或脉络不清晰，译文有如断线残珠，四下散落。每一个连贯的语篇都有其内在的逻辑结构因此，译者在翻译时也需要对语篇脉络进行分析，将语篇中的概念连接整合，进而使译文能够逻辑清晰，顺序明确。在具体的语篇翻译过程中，译者可以选择不同的技巧处理其内部的衔接和整合。

1. 替代与重复译法

英语段落一般依靠词语的替代来进行句子与句子之间的呼应，即使用代词、同义词、近义词以及代替句型等来替换前文出现过的词语。而在汉语句子中，句与句之间的呼应往往由重复的词语来完成。因此，在英译汉时，译者应对原文中替代的部分采用重复的手法来翻译，即通过重复实现译文的段内衔接。

2. 连接性词语或词组的译法

在对篇章结构梳理的过程中，译者会发现很多连接性词语或词组。对具有连接作用的词语和词组的分析可以更好地理顺文章脉络，所以掌握这些词语和词组的译法非常有必要。英语中包含大量的连接词或词组。

（1）表尔举例或特指的 for example、for instance、in particular、specially 等。

（2）表示转折的 but、however、nevertheless 等。

（3）表不频率的 often、frequently、day after day 等。

（4）表所方向的 forwards、backwards、in front of、behind 等。

通过这些连接词或词组的使用来实现段内或段落之间的衔接与连贯对于这些词的译法并没有统一的标准，有时会出现一词多译的现象，翻译时译者要根据上下文以及译入语的表达习惯进行灵活翻译：

3. 省略部分的译法

省略现象在英汉语言中都很常见。通常情况下，英语按语法形式进行省略，如省略名词、动词、表语、主谓一致时的主语或谓语等。而汉语往往按上下文的意义进行省略，包括省略主语、谓语、动词、关联词、中心语和领属词等。

相对于英语而言，汉语的省略现象非常普遍，且其省略标准也很复杂，不易掌握。汉语中的一些省略现象实际上并不能算是省略，如果将其“省略”的部分补上，语句反而会显得别扭，但是在汉译英时一般要将这些省略部分补上。由于英语属于重形合的语言，而汉语属于重意合的语言，所以从英汉对比的角度来看，英译汉时，许多英语原文中省略的部分在相应汉语译文中不能省略。

（二）段际连贯

语言片段以语篇意向为主线所形成的语义上、逻辑上的连贯性称作“段际连贯”。同段内衔接一样，段际连贯也可以通过替代、重复、连接词的使用、省略等手段来实现，也可以通过一定的时空、逻辑关系的贯通来实现。因此，译者在翻译的过程中，必须把每个词、每句话都放在语篇语境中去考虑，正确推断上下文的逻辑关系，领会作者的意图，适当遣词，从而保证译文的意思清晰、明了。

通过上面的分析可以得知，在进行具体的语篇翻译实践过程中，译者既要强调英汉两种语言在句式和篇章结构等方面的差异，又要注意对文章中字词句的翻译，从整体上把握语篇的连贯性和语域等问题。这样两手兼顾，才能翻译出符合译入语语言习惯的译文。

第三章　全球化语境下译者的主体性

翻译的主体是人，翻译主体有广义与狭义之分，广义的翻译主体包括作者、译者和读者，而狭义的翻译主体则仅指译者。译者主体性是近年来翻译界高度关注的一个问题，相关的研究成果也比较丰富。后现代主义翻译理论彰显译者的主体性，把翻译看作是一项创造性的活动。

第一节　翻译的主体

世界是人的世界，社会也是人的社会，人又是社会的人。世界因为有了人而变得精彩，社会也因为有了人而变得丰富。在人与世界以及人与社会的交往中，人与外部世界总是以彼此对立又彼此依存的对立统一关系方式认知和被认知。人是认知客观世界和社会的主体，客观世界和社会是被人认知的客体。翻译过程中相对于源语文本而言，主体是译者。在翻译活动的各个环节中，由于译者主体处于不同语言和不同文化间各种力量交互作用的交汇点上，他 / 她是译事的中介也是译事得以进行的基石。译者既是原文本的读者，又是译文的作者，对翻译过程起着决定性的作用。因此，很久以来，人们习以为常地把译者看作翻译活动的唯一主体。然而，承认译者在翻译中具有举足轻重的作用，并不一定意味着他就是翻译活动的唯一主体。例如：从版权的角度来看，一部源语作品的版权为作者独立所有，但一部翻译作品的版权则不为译者独立拥有，而是由原作者和译者所共享。可见，尽管译者在翻译过程中起着十分重要的关键作用，但我们不能因此就认为翻译的主体就只有译者。

近年来，“翻译主体”这一问题在翻译界引发了越来越多、越来越深入的讨论，不同的学者也提出了不同的看法。我国德文翻译家杨武能先生认为：“同其他文学活动一样，文学翻译的主体同样是人，也即作家、翻译家和读者。原著和译本都不过是他们之间进行思想和感情交流的工具和载体，都是他们的创作客体。”（杨武能，1987）很明显，他认为文学翻译的主体不限于译者，而是作家、翻译家和读者共为翻译的主体。当然，在翻译过程中，译者在这三者中间处于中心位置。谢天振也指出，文学翻译的主体不仅仅包括译者，“除译者外，读者和接受环境等同样是创造性叛逆的主体。”谢先生在此处谈论的“创造性叛逆”，其实就是翻译，所谓“创造性叛逆的主体”就是指翻译主体。换言之，他所说的翻译主体包括译者、读者和接受环境。翻译活动主要涉及作者、译者、译文、原文读者和译文读者，因此，李明认为他们都是翻译主体。他说：“翻译是两种语言文化之间的对话、交流与协商的过程。在这种对话、交流与协商的过程中，原文、原文作者、译者、（原）译文、读者，有时还有翻译发起人、出版商或赞助人等，都会参与到翻译活动中来……原文作者、（原）译者、复译者、读者、原文、（原）译文、复译文本都是文学作品复译中的主体。”（李明，2006）对于谢天振和李明的观点，笔者不敢苟同。主体是参与实践活动的人，翻译主体也不例外，应该是人，因此原文文本、译文文本和接受环境等因素都不是翻译主体。

国外也有不少学者认为，翻译的主体仅指译者。例如：法国的安托瓦纳·贝尔曼就认为，无论是翻译批评的理论研究，还是翻译批评的具体实施，出发点都必须以译者为主体。译者的翻译动机、翻译目的，所采取的翻译立场、翻译方案和翻译方法等使译者成为翻译活动中最为积极的因素，并成了翻译活动中的主体。我国学者袁莉在《关于翻译主体研究的构想》一文中，提出了文学翻译的四个最基本的艺术要素：世界、源语文本、译者、译入语文本；其中，译者是最主要的。“译者是一个与作家平等的艺术创造主体。”她认为译者是翻译的主体，且是翻译过程中唯一主体性要素。对于翻译主体的认识，陈大亮在《谁是翻译主体》一文中也提出了相似的看法，他认为，虽然说主体是人，但并非所有的人都是主体，也就是说，主体与人并不能画等号，只有具有社会性和实践性的人才有可能成为实践、认识和审美主体。主体最本质的特性是它的社会性和实践性。原文作者和读者虽然都是参与者，但他们并没有直接介入翻译活动，他们只是充当译者翻译时应该考虑的对象，因此也不是翻译主体。可见，持这种观点的学者几乎都认为，翻译是译者实现主体价值的一种实践活动，翻译主体理应指从事翻译实践的人，因此只有译者才有资格得到这个称号。我们认为，原文作者和读者虽然可以成为广义上的翻译主体，但不是狭义上的翻译主体，因为原文作者虽然创作了原文，是原文的创作主体，但他没有直接参与翻译这一实践活动，所以不是翻译的主体；读者是阅读活动的主体，也不是狭义上的翻译主体。“因此，我们可以说，翻译活动过程中的主体，无论在理论上还是在实践中，应该是译者，因为他是翻译活动过程中的行为者和实践者，其目的是为了使客体——译作在最大程度上满足不同主体（包括个人主体、群体主体、社会主体等）的需要。”

尽管翻译理论界已经有很多学者对翻译主体进行过探讨，但翻译界对于何为翻译主体尚无定论。许钧教授在对有关翻译主体的不同看法进行研究和归纳总结后认为：“理解、阐释和再创造构成了翻译活动的循环，在这一过程中，作者、译者、读者都有着其相对独立但又相互作用的地位，形成一个各种因素起着相互制约作用的活跃的活动场，而在这个活动场中，从传统的原作者独白和无限度的读者阐释，走向了作者、译者与读者之间的积极对话，而译者处在这个活动场最中心的位置，相对于作者主体、读者主体，译者主体起着最积极的作用。在这个意义上说，我们可以把译者视为狭义的翻译主体，而把作者、译者和读者当作广义上的翻译主体。”对于许钧将翻译主体分为广义和狭义的翻译主体，查明建、田雨作了进一步解释，“如果‘翻译主体性’中的‘翻译’是专指翻译行为本身，那么，这个翻译行为主体无疑是译者，原作、原作者和读者都是译者翻译实践活动的对象。这样来理解‘翻译’，翻译主体性就是指译者的主体性。如果‘翻译主体性’中的‘翻译’不是专指翻译行为本身，而是指涉与翻译活动全过程相关的所有因素，在这些因素中，除译者外，还有两个主体，即原作者和读者。这样来理解‘翻译’概念，译者、原作者、读者都是翻译的主体，翻译主体性就是指译者、原作者和读者的主体性和主体间性。考虑到翻译活动的复杂性和各种因素间的相关性，我们赞成后一种理解。”许钧和查明建、田雨的观点为我们在翻译研究中正确认识作者、译者与读者之间的关系，当我们对翻译主体性下定义的时候，我们显然应当考虑到作者和读者的主体作用，同时更应关注译者主体性的中心作用。

第二节　译者身份的传统定位

翻译是人类文明进程中历史悠久而意义深远的跨文化交流活动，在这种双语转换的交流过程中，译者无疑是最活跃的因素，因为翻译是一种涉及作者、译者、读者的工作，对于作者和译文读者来说，译者是中介体，他既是两者沟通的媒介，又是保证交流顺利进行的关键。近年来，翻译过程中译者的地位和作用越来越引起专家学者的关注，使其开始对译者的主体性进行研究。（王东风，2002）翻译活动自始至终都必须通过译者主体意识的能动作用才能完成跨文化的交流，对译者主体地位的研究在翻译理论中应占重要的、不可或缺的地位。换言之，作为狭义的翻译主体，译者在翻译过程中起着举足轻重的作用。然而，在翻译研究领域，人们对译者在翻译过程中应发挥何种作用存在不同的认识，提出了两种完全不同的观点。一种观点认为，在翻译中译者仅是“舌人”或“奴隶”，他几乎根本谈不上是一个有主体性的个体，他的任务就是“忠实”传达原文，服务好“读者”。在结构主义学者看来，译者又如同一部机器，在语言规律与规则的操纵之下进行两种语言间的表层与深层的转换，译者的主体性、价值观一并被抹杀。另一种观点却认为，在翻译过程中译者应发挥自己的主体性和创造性，他可以通过对原作进行“改写”，使其获得新生，产生新的价值。

作为跨文化交际的桥梁，翻译对世界文化的繁荣和发展具有不容忽视的建设性意义，然而译者作为翻译活动的主导者，却没有获得他们应有的文化地位。透过中西翻译史，我们不难发现在长期以来形成的观念中，中西方对译者在翻译中的地位和作用的定位是基本相似的。传统的翻译研究往往集中在翻译的性质、标准和技巧等方面，而作为翻译主体的译者没有受到足够的重视，通常被定位成一个至今仍难以摆脱的“仆人”角色。译者作为仆人，他必须面对作者或作为作者化身的原作及听者或读者这两个主人，这样就形成了“一仆二主”的关系。译者通常被人们当作是“传达”发话者所说或作者所写的话语意思的“传声筒”，同时他还必须让听者或读者明白、理解发话者或作者的意思。我国翻译家杨绛有感于译者的这种仆人地位所造成的令人尴尬的两难境地，感慨地说：“至少，这是一项苦差，因为一切得听从主人，不得自作主张。而且一仆二主，同时伺候着两个主人：一是原著，二是译文读者。”（杨绛，1996：93）这就意味着在翻译过程中译者所处的是附庸、从属的地位，毫无主体性可言。

正是因为人们普遍认为译者的天职就是服务于作者和读者这两个主人，所以人们自然会进一步要求译者“隐身”、译作“透明”。译者之隐形或译作之透明，就是要让译者“不可见”，即要求作为仆人的译者不能自作主张，既不能在翻译中掺入自己个人的主观色彩，也不能表现自己的个性，一切以原文为依归，唯作者是从。在翻译中感觉不到译者的存在，在译文中不留痕迹地再现原著的精神与风韵，无论对于作者而言还是对于读者来说，这无疑是一种理想的境界。对于这种境界，钱钟书先生曾以“化境”加以概括，他说：“把作品从一国文字转变成另一国文字，既能不因语文习惯的差异而露出生硬牵强的痕迹，又能完全保存原有的风味，那就算得入于‘化境’。换句话说，译本对原作应该忠实得以至于读起来不像译本，因为作品在原文里决不会读起来像经过翻译似的。”可见，人们往往从积极的角度来理解译者之隐身或译作之透明这一理想的境界的。原作经过译者从一种文字转换为另一种文字后，得以投胎转世，以毫无译者痕迹的原有风味、以依然故我的精神姿致奉献给译入语读者，此种臻于化境的翻译自然会大受读者的欢迎。正是因为怀有这一理想，许多翻译家非常向往这一理想的境界。这样一来，译者只不过是原作者的投胎转世。译者披着作者的外衣在写作，其神情依然如故，但灵魂却不是自己的，因而失去了主体性。

这种将源语文本翻译成译文后读起来像原文的做法，长期以来也备受西方人的追捧。纵观西方翻译史，西方翻译界长期坚持主张译作应该明晰化、同化，也就是要求保持译文流畅性的翻译方法。因此，译者就不得不放弃自己的主体性，成为隐身人。其结果是，译文往往读起来流畅、通顺，译者只能反映原作者的个性、风格、意图以及原文的意义。译文的可读性取代了译者的创造性和主体性。“通过采用流畅翻译法，译者尽量使他或她的译作‘不可见’，从而产生了一种明晰化的幻觉，这种幻觉让人戴上了面罩：翻译文本似乎自然贴切，也就是不像是翻译过来的。”可以说这种“明晰化的控制法”无视翻译主体的存在，进一步延续了翻译是赝品、是模仿的传统观念。译者只是替代作者出场，其地位从属于作者。即便承认译者的主体性，也仅只认为译者的主体作用在于认知过程：即将一种不同的语言符号系统转换成另一种语言符号系统。追求文本的等值就是译者的任务和天职，而译者的主观意向和解释则成为空中楼阁，可望而不可即。

第三节　译者主体性的确立

传统的翻译观要求译者心甘情愿地充当作者与读者的“仆人”或“舌人”，在翻译中尽可能恪守“隐形人”规则，消除自身在语言及文化转换方面的操作痕迹，忠实完整地传达源语文本所有信息。但是在实际翻译过程中，由于语言、文化等各个层面上的困难，译者确实很难做到这一点。也就是说，传统译学忽略了译者作为原文和译文的中介者，译者实际上是翻译中最积极的因素，介人翻译时不可避免地要发挥其主体性，并且会带人其个人的主观色彩和展现其个性特征。“译者是有思想的个人，不可能完全做到‘非个性化’。”Wiks 也指出：“翻译作为一项精神活动，包含多种因素，因而不可能忽略译者本身的存在，单纯在语言学的框架内对其进行详尽的研究。”随着译学研究的发展，人们对翻译的认识也不断加深，逐渐对译者“仆人”角色、对“忠实”的绝对要求产生了质疑，并且发现译者并不是“隐形人”，在译文中仍可发现译者的蛛丝马迹，“每个译者都不是在头脑一片空白的状况下进入一个文学作品的，他有一定的知识结构，一定的文化熏陶，一定的生活和社会经历与经验，有一定的审美能力和审美倾向，也就是他对文本已有一个‘前理解’。”因而译者的主体性是客观存在的，是不以人的意志而转移的，清楚地体现在翻译活动之中。

人从事具体实践活动的时候，必须发挥其主观能动性才能确保活动的顺利实施。翻译也是一项人类实践活动，因此作为人，译者在从事翻译这项人文活动的时候必定要发挥主观能动性，以确保译文的准确性。诚然，译者必须在源语文本的框架内进行翻译，但翻译过程同时也是译者不断做出选择的过程，有时甚至是取舍的过程。每个人由于自身的成长环境、教育背景、生活阅历以及性格爱好各有不同，因而每个人都是一个异于他人的独立的个体。译者也不例外，所以在翻译过程中做出选择取舍的时候，不同的译者自然就会遵循不同的判断标准。正如许钧所说：“翻译者的主观因素，其个性、气质、心理禀赋、知识面、语言应用能力，乃至译者的立场、道德因素，无不对翻译活动起着直接而重要的影响。”可见，翻译不是在真空中进行的活动，译者的翻译行为受到了诸多因素的制约，同时他 / 她在从事翻译活动时又必须发挥其主观能动性。

翻译是两种语言文化之间的对话、交流与协商的过程。译者穿行在两个不同的文化之间，起着文化协调人的作用。正如 George Steiner 所指出：“译者是在两种不同语言体内单语交流者们中间的使用双语起中介作用的媒介。”在此观点的基础上，David Katan 提出，译者不仅是语言中介者，同时还是文化中介者。史蒂芬·波克纳于 1981 年在其《中介者与文化身份》一书中首次提出“文化中介者”这一术语。塔夫特给“文化中介者”下了个完整的定义：“文化中介者是促成不同语言、文化的人和群体进行交流、理解和行为的人。中介者把一方的表述、意愿、认识及期望向另一方阐释以履行自己的角色职责，也就是建立及协调双方的交流。从某种程度上说，为了起到纽带的作用，中介者必须能够参与两种文化。因此，中介者一定程度上必须是二元文化的。”译者“调解”不同的文化，目的是寻求克服在翻译过程中的文化不相容性（incompatibilities）的方法。从翻译过程来讲，译者是原文与译文的中介者，同时也是原文作者与译文读者的中介者，是翻译活动中最积极的因素，处于最为关键的核心地位，指引并控制着整个翻译过程。一方面，在“原文—译者—译文”这个三元结构中，译者位于中间位置，尽最大努力理解原文，并将其转化为译文；

另一方面，在“作者—译者—读者”这个三元结构中，译者处于支点的位置，尽力保持其他两个因素的平衡，通过自己的努力使原文作者和译文读者得以沟通，并在必要时做出相应的调整。可见，译者“既是原发语篇的接受者，又是译入语篇的创造者，处于‘上情下达’的中间、核心地位，正是：翻译的‘好’‘坏’全靠译者的‘思考’和‘感觉’，可谓‘成’也译者，‘败’也译者。”

译者的核心地位决定了他必须发挥主观能动性以确保翻译工作的顺利进行，以促成跨文化交流。

另外，“一本多译”，即一本原著可以有多种译本，这种现象也有力地印证了译者主体性的存在。我们不难发现，一本原著尤其是文学名著的译本不止一种，往往存在多种译本，甚至同一个时代都会产生几种不同的译本。比如说英国作家夏洛蒂•勃朗特的名著《简•爱》，已被翻译成多国文字，仅汉语译本就不下四种版本。据统计，中国历史上重要的哲学著作《道德经》已经有各种外文译本 250 种以上，其中仅英文译本就有 45 种。多种译本并存，且不存在两种完全相同的译本，这一现象本身就很好地说明了在翻译过程中译者不可能做到摒除个人观点的介入，完全地忠实于原著，将原文所含信息完整地“复制”出来。任何作品都是时代的产物，因此，一部译作如果语言陈旧，缺乏时代气息，又不符合读者的审美习惯和接受心理要求就必然会被淘汰，新的译本就必然应运而生。语言具有历史性，人们的理解能力也具有历史性，因而译者需要发挥主观能动性，翻译出符合时代要求，满足读者需求的作品。

解构主义学派的观点肯定了译者的能动性，在对结构主义学派理论进行反驳的过程中，将译者主体性推向极致。解构主义者首先宣判了作者的死刑，继而驱逐了读者，把文本和语言看作彻头彻尾的同质关系，除了语言，它什么都不是，它只能通过语言而存在，任凭语言符号在无限延宕、播撒中恣意狂欢。结果翻译变成了“怎么都行”的语言游戏，译者以改写者、叛逆者、征服者的姿态而位于中心位置，文本被流放到边缘，原文作者的主体地位被颠覆，传统的忠实、对等的翻译标准被解构。解构主义者“不再像结构主义者那样机械地把原文看成一个稳定而封闭的系统，而是认为由于能指和所指之间存在着差异，原文意义不可能固定不变，只是在上下文中暂时被确定下来”。由于原文意义不能确定，译者必须充分发挥主观能动性，来寻找原文意义，使原文与译文形成一种共生关系。在翻译过程中，原文被不断地改写和重组，不同译文的产生都取决于译者的体验即主体性的发挥。

很多后现代主义大家（如伽达默尔、胡塞尔、海德格尔和伊译尔等）也认为，在人文主义科学中贬抑阐释者或对话的参与者（即翻译中的译者）的主体性地位是片面和荒谬的；相反，他们从哲学的角度，极力宣扬主体性，认为阐释者（即译者）的理解“说到底，一切理解都是自我理解”（伽达默尔），后来的以德里达等为代表的一批后结构主义学者进一步把阐释者（译者）推到了文本操控者的地位。但同时也有学者（如福柯）从社会学的角度论证了制约主体性的诸多社会因素，他们认为阐释者（译者）是生活在纷繁交织的权力话语之网中，他/她对任何文本的阐释都受到了来自于当下社会、主体生活环境的各种权力话语的制约，因而认为阐释者（译者）的主体性被束缚于各种社会权力话语之中，阐释者的任何阐释都不可避免地保留着当下权力话语的烙印。这样一来，译者对文本的操控即主体性的发挥，并不是随心所欲的，而是受到一定因素影响的，即存在一定程度的“受动性”。译者主体中的这种“受动性”因素包括两种语言的特点、习惯，语言转换的客观规律，源语文本的语言、文化和审美的特征，译者所处的时代语境，特定时代的翻译观等。译者主体性中的“受动性”说明，译者主观能动性并不意味着可以毫无约束地任意发挥，这一认识有助于我们将严肃认真的翻译与不负责任的胡译乱译区别开来。

那么，到底什么是主体性？什么是译者的主体性？从哲学的角度来说，主体性就是指人作为主体的规定性，而不是主体作为人的规定性；主体作为人的规定性即称之为人类，而人作为主体的规定性即是主体性。主体性是主体的本质特性，这种本质特性通常在主体的对象性活动中表现出来。主体性最根本的内容是人的实践能力和创造力，简言之，就是人所特有的主观能动性，主要包括目的性、自主性、主动性、创造性等。所以说，能动性是主体性最为突出的特征。

所谓的译者主体性，是指作为翻译主体的译者在尊重翻译对象的前提下，为实现其翻译目的而在翻译活动中表现出来的主观能动性，其基本特征是翻译主体自觉的文化意识、人文品格和文化、审美创造性。这里译者主体性的含义是，译者在翻译活动中创造性地发挥自己的主体意识，在翻译策略和翻译方法上凸显译者的独特个性。译者主体性主要包括两方面的内容：第一，体现在接受原著过程中的主体性；第二，体现审美在创造过程中的主体性。两者相互融合并贯穿于翻译过程的始终。译者要完成翻译的任务，就要充分发挥自己的主观能动性，可见，译者主体性贯穿于翻译活动的全过程。

具体说来，译者的主体性有以下四个方面的特点，即译者的主体性意识，译者的意向性与选择性，译者的主体创造性和译者的操纵或抵抗。首先，在翻译过程中，译者的个人风格、能力和素养甚至观点，通过译者的主体意识或潜意识，或者采取凝缩、改装、改写等方式，会在译文中表现出来。其次，翻译是译者主体积极的创造性活动，文本通过译者的翻译和阐释在译入语中生存下来。意大利语中“Tmduttore，tmditore”（翻译者即叛逆者）这一在西方广为流传的谚语也体现了译者主体创造性的一个方面。译者通过自己努力试图打破原文的桎梏，穿越时空的限制，为译入语文学带来新的惊喜。译者主体性和创造性就在于敢于对源语文本进行取舍，敢于叛逆和创新。译者主体创造性的叛逆在于：“它把原作引入了一个原作者原先所没有预料到的接受环境，并且改变了原作者原先赋予作品的形式。”在这样一个崭新的参照体系下，原作在译入语中获得了新生。译者的主体性地位在原作者、原作、译者和译文读者这四元关系之间，正是通过译者的创造性确立了其中心地位，成为最活跃的因素。再次，译者的主体性体现在译者的意向性与选择性上。译者的意向性指在特定的情况下他 / 她的意图行为。作者通过创作文本传递自己的意向，文本起着交际的功能。由于一个文本可能具有一种或多种意向，所以译者通常需要决定传递原作的某一种意向。这种选择也体现了译者的主体意向。特里・伊格尔顿说：“作者的意图本身是个复杂的文本，它可以被讨论、被翻译甚至被做出各种不同的解释。”在进行选择时，面对原作者和原作，译者的意向性一方面直接指向原作者的意图，而面对译入语读者，译者确实是在进行某种程度的创作。译者的选择性还体现在译者对所译文本的精心选择上。如鲁迅和茅盾选择东欧被侵略国家的小说来翻译，也体现了译者较强的选择性。此外，译者的主体性表现为译者对译文进行的操纵或抵抗。对译文进行操纵的主要方式就是改写。翻译研究领域里的“文化学派”认为，翻译是对原文的改写，这种改写反映出译者的意图、意识形态和诗学。在翻译中忠实于原文语言和文化，保持译文的明晰和可读性，表明了译者主体的顺从。相反，若翻译读起来像翻译或出现“不忠”，译者追求的是翻译中的异国情调和文化他者，则显示了主体的干预或抵抗。翻译实践证明，抵抗有利于反抗强权话语和文化霸权主义以保护文化多样性，抵抗意味着让“他者”出场，让译者在场，即发挥译者的主体性。

总而言之，在当今翻译研究中将译者主体性作为一个重要的议题提出，其本质上是在对千百年来以“忠实”、“对等”的作者主体性表征提出质疑。在传统翻译理论中，翻译文本总是作为源语的“副本”而出现的，原文对于译文具有绝对的权力；同理，译者的地位也低于原文作者的地位，是原文作者的“仆人”。翻译主体性的研究，尤其是对译者主体性和包括读者在内的译入语文化主体性的研究和强调，颠覆了长期以来作者高高凌驾于译者之上的绝对权威，直接动摇了几千年以来传统翻译理论的理论基础，瓦解了“忠实”、“对等”等一系列源于作者主体论的翻译理论和标准，从而使译者主体性得以彰显。但是我们必须清楚地认识到，在关注翻译是重写、翻译是操纵、翻译是叛逆、翻译是征服等这些论点，强调译者主体地位的同时，应避免在这一理论指导下走向另一极端，即，译者以创造之名，实行背叛之实，脱离原文，随心所欲，任意翻译。（陈大亮，2005）译者的主体作用不是孤立的，而是与作者和读者的作用紧密相连的。

第四节 从主体性到主体间性

当今翻译界对译者主体性进行了较为深入的研究，使得译者在整个翻译过程中的主体作用得以凸现。但是，对译者主体性的承认和重视，并不是完全否定和取消原文作者在翻译活动中所具有的主体作用，而是对翻译活动中多种主体性的认识和强调。也就是说，翻译主体性的研究实质上是翻译主体间性的研究，这是因为译者的主体作用不是孤立的，而是与作者和读者的作用紧密相连。作者、译者与读者这三个广义上的翻译主体，不是单个孤立的主体，而是以对方存在为前提的一种共在的自我。翻译活动也不再被看作一种孤立的语言转换活动，而是一种主体间的对话。因此，我们认为，只关注整体的某一方面而忽视其他方面，只单方面地凸显译者的主体性表现而不用主体间性理论指导主体性研究显然是片面和狭隘的。在翻译主体性研究中，作者主体性研究转向了译者主体性研究，转向了以译者为中心的多个主体的研究与以作者、译者和译文读者互为主体的主体间性研究，这表现了当代翻译研究的革命性变革和翻译研究范式的根本性变化。

主体性的提法有其局限性，它很容易陷入夸大主体自我解释的唯我论和独断论，使翻译的解释从一个极端走向另一个极端。为了遏制对主体个性的过分张扬，翻译活动要求所涉及的原作者、译者和译文读者等主体之间，建立一种对话式互动的共在关系。在这种关系中，上述三种主体的个体间不是主客对立、改造与被改造的关系，而是相互承认、相互沟通、相互影响的一种对话的主体间的关系。这种关系才能保证交往顺利进行，使翻译活动更加健康地发展。讨论翻译的主体性，不可避免地会引出“翻译的主体间性”这一理论问题。

针对否定主体制约而走向唯我主义的极端化倾向，现代西方哲学的代表人物如胡塞尔、海德格尔、伽达默尔以及哈贝马斯，甚至包括日常语言学派的摩尔、奥斯丁、塞尔和赖尔等人，纷纷转向了主体间性。“主体间性”这个词，又可译为主体际性、主体（观）通性、共主体性、交互主体性等，其字面意思是表征自我与他者的关系，两个或两个以上的主体能够达到或建立的客观一致性，最早由现象学家胡塞尔为摆脱“唯我论”的困境而提出，后经海德格尔、伽达默尔等发展，由哈贝马斯真正引人社会生活当中。胡塞尔从先验论的“自我”出发提出他的“主体间性”的概念，表明哲学的唯我论必须克服。他的弟子海德格尔提出的主体间性与他的主体间性具有一种完全不同的内容和特征，他的主体间性理论以一种生存论的“此在”为其根本。另外，哈贝马斯也提倡主体间性，他从社会学的角度阐释人与人交往中的伦理问题，因而是一种交往理性。

哲学上的主体间性转向对当今翻译主体间性的研究有着不可忽视的促进作用。那么，什么是翻译的主体间性呢？翻译的主体间性与哲学上的主体间性有着本质上的差别。哲学上的主体间性主要是关于现实生活中人与人的交往问题，其实质就是个人与他人、个人与社会、个体与群体的关系问题。而对于人与人的交往，他人不是客体。翻译的主体间性绝不是简单的人与人的现实交往问题。翻译面对的是一种跨时间、跨空间的不对称交流，是一种时空错位的交往类型，即作者与译者的非共时性沟通，这是界定翻译的主体间性内涵的前提。翻译属于人文科学，其本质就是“理解”与“表达”，这种活动指向由符号构成的语言世界，而不是现实世界。因此，翻译中的理解不是一个人与人之间，如作者与读者之间的关系问题，而是译者与文本之间如何跨距离交流的问题。所以，“翻译的主体间性除了指作者、译者和读者之间的互动关系外至少还包括以下几点：1）翻译的学科性质是主体间性的；2）翻译的方法论是主体间性的；3）译者对文本的理解体现了一种主体间性。”

简言之，翻译中的主体间性是指翻译活动的各参与主体相互之间的互动、制约关系。由此可见，事物是普遍联系的，我们应该从主体间性的角度去研究主体性；否则就容易犯形而上的错误，从而看不到翻译主体性的内涵。

应当指出，翻译主体间性不能简单地理解为作者、译者与译文读者之间的关系。美国哲学家多迈尔在他的《主体性的黄昏》一书中指出，主体性已经丧失它的力量，现代社会主体性往往培育着一种个人主义，它不仅把自我作为理论认识的中心，而且把它作为社会政治行动和相互作用的中心。但他所说的“主体性的黄昏”并非指无主体的存在，而强调暗示要避免狭隘的个人主义的主体性研究。陈大亮也持相似的观点，他指出：“主体性必然离不开主体间性，离开主体间性的主体性是一种虚无。翻译主体研究是一个包括作者、译者和读者甚至包括出版者、赞助人等在内的复杂群体主体系统。翻译主体研究不应该以译者为中心，无视其他主体的存在，而应该把作者与读者的主体性包括在内，从主体间性的角度以一个专门课题进行系统的理论讨论，从理论上解决作者、译者与读者之间的主体间性关系以及各自的主体性表现。”在对翻译研究三种范式（作者中心论范式、文本中心论范式和读者中心论范式）的历史演进及其相应的主体性表现逐一作了系统详尽的分析，指出各种翻译范式的局限性和偏颇等不足之处之后，陈大亮断言，这三种翻译范式反映了翻译主体性陷入困境，翻译研究呼唤主体间性的出场。随即，他从主体间性理论有助于建立翻译主体间正常的伦理关系，主体间性理论可以指导翻译学的学科建设，主体间性理论给翻译研究提供了人文科学的方法论，以及主体间性理论超越了翻译研究中二元对立的形而上学的思维模式这四个方面肯定了主体间性理论对翻译研究的建构意义。

然而，对主体间性的肯定不是对主体性的否定，它是主体性在主体间的延伸。主体间性既包含社会性，也包含着个体性。它在反对将主体看作原子式孤立个体的同时，也反对社会性对个体性的湮没。因此，“主体间性并不是反主体性，反个性，而是对主体性的重新确认和超越，是个性的普遍化和自然的存在方式。”由此，我们可以看出主体与主体间性的关系，二者密不可分。主体间性是高于主体性的，是在其基础上更深一层次的交往类型。具体地说，译者是翻译活动中最活跃的主体，是“操纵”文本的具体实施者；而影响翻译活动的进行和结果的因素，除了译者主体性外，还有作者和读者甚至包括出版者、赞助人等在内的复杂群体主体性的作用。作者和读者以及出版者、赞助人等虽然并不表现为翻译活动的具体主体，但却具有主体的作用，即主体的性质。作者的主体性是由翻译是在原作上的再创作这一翻译本质决定的，而读者以及出版者、赞助人等的主体性则代表了译入语文化对翻译活动的规范和制约。从一定程度上讲，翻译活动主要就是调节、协商作者、译者和读者这三种主体性关系的活动，这种不同主体性的互文关系，即主体间性是翻译主体性研究的重心所在。

综上所述，主体间性理论研究为翻译理论中译者主体性的研究提供了新的哲学范式和方法论原则，并在新的基础上揭示了翻译的性质和译者主体的存在状况。主体间性理论使翻译研究摆脱了以往的“逻各斯中心”主义，拓宽了翻译主体性的研究空间。在这一理论的观照下，译者要积极地与翻译活动的创作主体（作者）、接受主体（读者）及译入语社会的其他主体（出版者、赞助人等）进行交往，协调他们之间的关系，缩小甚至化解主体间的冲突和误解，在平等、共生的基础上进行理解、对话、交流，以产出具有生命力的译作。在对自我和他人的认同中，译者才能获得自由的生存方式，获得对生存意义的真切体验，其主体性也才能在真正意义上得到充分发挥。当然，对翻译主体性问题的研究还有待进一步深化。

第五节　全球化语境下译者的文化身份

在全球文化交流对话的过程中，翻译的桥梁沟通作用是极其重要的。一方面，它通过语言文字的转换把异域文化介绍进入本民族文化，使本民族文化能够吸取异域文化的优秀成果，不断交流学习；另一方面，它也把民族文化推向世界，让世界认识了解自己的民族。在翻译这一跨文化交际活动中，译者作为翻译的主体其文化身份的定位也是至关重要的，它决定了译者采用何种翻译策略以及生成什么样的译本等。

由于文化和翻译本身的复杂性，全球化语境下译者的文化身份的界定也是非常复杂的，只能从多层次、多角度和多方位来探讨和分析，才能对译者的文化身份有一个较全面的了解，才能对译者的文化身份有正确的定位。对此，不同的学者持有不同的观点。张景华认为，在全球化背景下，译者的文化身份是全球性和本土性对立统一的矛盾综合体，译者的本土文化身份既有主流文化身份，也有亚文化身份。他还把译者的本土文化身份分为国家身份、民族身份和地域身份。徐美娥的看法似乎较为全面："译者既是信息传播中的接受者，又是信息的输出者，他的作用超出了一般的读者。因此，他的地位决定了他的身份，他不仅是原作的读者、研究者，而且是原作生命的延伸形式——译文的传播者，同时还是创造者、文化合作的协调者以及多元文化的促进者。"岳东芳、王立英简单地把译者的文化身份定位于"以民族性为立足点的文化中介者"。为了便于理解，我们认为，全球化时代译者的文化身份就是全球性和民族性的综合体。译者文化身份的全球性要求译者对全球化具有一定的包容性，方能以积极开放的心态吸收外国先进文化为己所用。但更为重要的是，其民族性又要求译者必须坚持文化身份的本土性，才可能克服全球性的弊端，减少全球化的副作用。

在全球化语境下各民族文化不断交流融合，全球性和民族性这一对矛盾也日益突出。各种民族文化既要适应全球化这一不可逆转的趋势，又有注意保护自己的民族文化特色。只有这样才能维护世界多元文化共同发展，和谐共处。译者作为文化中介者和翻译这一跨文化交际活动的主体因素，对于保护世界文化的多样性以及推动各民族文化平等交流对话起着不可替代的重要作用。全球化语境下译者面临着全球性和民族性对立统一的矛盾，因而译者的文化身份也需要做适当的定位才能适应新形势。

首先，从全球性方面来看，全球化趋势已经成为我们生活中无法回避的一种客观存在。作为译者，首先要做到以积极正确的心态面对全球化，正确认识全球化给我们带来的机遇和挑战。由于每一种文化都有其长处和短处，在全球文化交流对话中要相互取长补短，使本民族文化在与异域文化交流的过程中获得更多的发展机遇。译者作为文化中介者要能够很好地了解所译文本的源语和译入语的文化背景。只有同时具备了语言和文化的精通性，译者才能正确传达异域文化，完成其“文化传真”的使命。这就要求译者不但要有双语能力，还要具备双文化知识，要对两种语言的民族心理意识、政治、经济、历史、地理等一系列因素都有一定的了解。正是这些因素的不同才形成了各民族语言文化特有的色彩。

其次，从民族性方面来看，每个民族都有自己特殊的生活环境和社会结构，形成了自己独特的文化体系。全球化为不同文化之间的交流对话提供了一个广阔平台，同时也带来了各民族文化之间的误解和冲突。总体必然的趋势是全球文化导致各民族文化越来越多的趋同，因此，各民族文化要特别注意维护本民族文化的独特性，避免被全球化同化而失去民族个性，还要反对文化霸权主义。在这个文化异质性和多元性共存的全球化时代，这就要求译者还必须具有强烈的民族责任感和意识，坚持自己的民族文化身份，弘扬民族文化，通过翻译使自己的民族文化成为世界文化对话论坛上的一个声音，使自己的民族文化不会被全球化和其他民族文化所同化和湮没。

总之，译者作为促进多元文化平等对话的使者，既要克服仰视他者文化的盲目崇拜态度也要克服轻视甚至无视他者文化的傲慢态度。这样才能站在沟通源语文化和译入语文化的立场上，促进两者的交往和对话。当今世界随着全球化进程的不断加快，各文化间的交流越来越广泛频繁。多元文化并存成为维护世界和平的主旋律，而翻译是促进多元文化并存的重要手段。译者作为文化交往传播使者的身份要求其必须协调好交往各方的关系，这样才能促进文化间的对话和交流。

第四章　英汉文化思维模式差异与翻译

思维模式差异直接反映文化信息和语言表达的差异。思维模式制约着语言结构，特别是句子结构的排列分布。通过对比分析，阐释英汉文化思维模式的差异及其在语言中的表现特征，可揭示这种差异对英汉互译的影响，在外语教学中有必要进行源语与译入语思维模式及表达方式的对比。

思维与语言有着密切的关系。人们常说语言是文化的重要载体，但它首先是思维的唯一载体。语言不仅是一套符号系统、一套语法规则和一组习惯，而且还是人类思维依存及其交流的工具。人类的思维是借助语言进行的，没有语言就谈不上严密的思维。人类以外的其他动物之所以没有真正的思维活动，其原因首先就是它们没有语言这种高级符号 / 代码系统。思维离不开语言，而且借助语言创造了文化，并成为文化的一个组成部分，反过来也受到文化的影响和制约。正如萨莫瓦等所指出：“人类语言的应用涉及的远不止是字词，它涉及人类的思维方式，因为语言需要和思维紧密配合、共同协作。语言的运用遵循文化所确定的模式，这个模式不仅会影响人类在组成语句时所采用的词序，而且影响到人类的思维。”

思维不仅离不开作为材料和工具的语言，并且还支配着语言。语言是思维的重要载体，也是思维的主要表现形式和思维发展的基础。人类在远古时期经过极其漫长的生产生活实践后，产生了进一步认识实践的迫切需要以及组织生产的需要和交际的需求，使得语言在特定的自然条件、生存环境、生产活动、社会制度等客观因素的共同作用下应运而生并发展起来。语言的产生和发展帮助人类更好地认识客观世界和主观世界，进而进一步促进了人类思维的发展，极大地提高了人类认识世界和改造世界的能力，从而逐步形成了思想意识、哲学观念体系。在特定的外部条件、环境因素、社会制度的共同作用下形成的特定的世界观、价值观对思维会产生影响，使思维具有明显的民族文化的特点。不同的思维模式反过来导致了不同的世界观、价值观、信仰、情感与态度取向等方面的差异，从而造就了不同的社会习俗、行为准则、伦理道德乃至生活方式。这样，特定的思维模式在特定的民族文化的发展进程中逐渐完善。

在所有内存外在的主客观因素中，语言是孕育、铸就人类思维模式的最为至关重要的因素，或者说语言对特定人群思维模式的形成起到了强有力的暗示、诱导作用。反过来说，思维模式又制约着语言的结构，特别是句子结构的分布，是“主体在反映客体的思维过程中，定型化了的思维形式、思维方法和思维程序的综合和统一。”人的语言表达是受思维模式支配的，研究语言不能不研究思维。所以要真正获得某种语言能力，熟练地掌握该语言，关键不仅在于掌握该语言的语音、语法、词汇，还在于对蕴藏于该语言深层的文化结构——文化思维模式的认识。由于英汉两种语言是在截然不同的社会、历史传统和生活规律中逐渐形成的，使用英语与汉语的两个民族在思维习惯与表达方式方面自然差异。翻译作为从一种语言向另一种语言转换的跨文化交流活动，不仅是一种语言间的形式转换，而且更多地也是一种文化思维模式的转换。可见，翻译受到文化思维模式差异的影响，对翻译进行研究必然要求研究不同语言所反映出的思维模式差异。

第一节　英汉文化思维模式的差异

所谓思维模式（thought pattern）是指人类看待事物、观察世界并进行认知、推理的基本模式，它包括思维形式、思维方法、思维路线、思维顺序以及思维倾向等基本要素。它是最为隐含的文化内涵之一，是一切文化特别是交际文化的深层基石。在漫长的历史发展过程中，人们把对客观现实的认识凝固成经验和习惯，借助语言形成思想，赋予思想一定的模式，进而形成一种思维形态。不同的民族，不仅有着彼此不同的民族文化，而且还有着各自不同的思维模式。

思维模式的差异反映着使用某一种语言的民族群体千百年以来形成的语言心理倾向。因此，每一种语言都体现着使用该语言民族的思维特征。在特定的历史条件和生存环境（包括地理条件、气候条件、自然环境）以及生活条件和经济社会制度等的制约下，历经数千年的发展，英汉两个民族在思维模式上形式了一定差异，正是这种思维模式差异往往导致他们对同一事物产生不同的语言表达方式。而这种差异在英汉两种语言的转换过程中往往被忽视，这就使译文晦涩难懂，甚至出现错误。因此，在翻译实践活动中有必要对源语与译入语民族的思维模式差异及其在语言上的表现方式进行研究，掌握此种差异对翻译的影响，从而尽量减少或避免由于对思维模式的转换缺乏足够的重视而产生的负面影响，减少或避免误译现象的产生。

一、中国人重整体思维，西方人重个体思维

整体思维是指在思想上将认知对象的各个部分联合为整体，将它的各种属性、方面、联系等结合起来。而个体思维则指在思想上将一个完整的认知对象分解为各个组成部分，或者将它的各种属性、方面、联系分解开来。

中国文化中，传统思维模式的最主要的特征是直觉的整体性；而西方的思维模式的主要特征则是注重分析的逻辑性。中国整个哲学是从人心的体验出发对人生和社会的感悟，并将它一直推导到对自然的认识；而西方哲学最根本的出发点，则是“本体论”，以逻辑

方法构造为第一原理，西方哲学认为人生的意义就在于认识客观的本质世界，人在对世界本质的认识中产生思想。

中国传统哲学认为世界是一个整体，人和自然、主体和客体都包括在一个整体之中。整体中包含了密不可分的部分，要了解各部分，必须先了解整体。注重整体和谐，注重综合概括，强调众多归一的思想，反对孤立地了解某一个体。因此其思维模式和语言观倾向于寻找整体和笼统，重悟性，具有“整体思维”的特点。另外，汉语偏好骈偶式结构，从本质上来看，这也是偏重整体思维所致。

西方文化坚持“主客相分”的哲学观点，认为人是万物的中心，人与自然相对分立，人应处于支配和改造的地位。西方文化注重个体成分的独立作用及相互关系，注重细节分析，寻求精确和具体，强调形式结构和规则制约，突出从小到大，由部分到整体，强调“由一到多”，具有“个体思维”的明显特点。具体到语言上表现为不求全面、周到，但求结构上的严谨性。如上一段例句，译成英文为：“Nowadays you will have to give presents on almost every occasion：presents for childbirth，on the birthday of the aged，to show your care when somebody is ill or some help to make arrangement for somebody’s funeral.”译文结构严谨，但已淡化了原文中“生老病死”的整体思维观念，而突出了个体。此外，英语行文以散行为主，从本质上讲，这也是偏重个体思维的产物。

二、中国人重直觉经验性思维，西方人重逻辑实证性思维

“中国传统思维注重实践经验，注重整体思考，因而借助于直觉体悟，即通过知觉从总体上模糊而直接地把握认知对象的内在本质和规律。”中国人对事物的认识较多只满足于对经验的总结和对现象的描述，而较少追求对感性认识的深层思考与对现象背后事物本质的哲学思辨。而英美人的思维传统一向重视理性知识，重视实证，主张通过大量实证的分析得出科学、客观的结论。换言之，西方思维则具有浓厚的实证、理性和思辨的色彩。注重的是形式分析和逻辑推理，形成一种理性思维定式。

这种差异在语言上表现为英语注重形合而汉语注重意合（pamtactic）。也就是说，英语注重运用各种有形的连接手段，达到语法形式的完整，其表现形式严格地受逻辑形式的支配，概念所指定界分明，句子组织严密，层次井然扣接，句法功能呈外显性（overt）；而汉语语言表现形式受意念引导，看上去概念、判断、推理不严密，句子松散，句法功能呈隐性（covert）。如“A wise man will not marry a woman who has attainments but no virtue.”译成“聪明的男子是不会娶有才无德的女子为妻的。”该句中的“a”、“who”、“but”都省译了。

三、中国人长于形象思维，西方人善于抽象思维

形象思维指人在头脑里对记忆表象进行分析综合、加工改造，从而形成新的表象的心

理过程。而逻辑思维是运用概念进行判断、推理的思维活动。

中国人在思维时，总是喜欢与外部世界的客观事物的形象相联系，结合重现在大脑里的相关物象进行思考。这就是说，中国人的形象思维很发达，喜欢以事物的外部特点为依据展开联想。中国传统文化的重要特征之一是“尚象”，中国人“尚象”的文化传统形成了其偏重具象的思维方式。例如，中国文学史中形象类比的手法很丰富。思维的顺序不是由具体到抽象，而是由具体到具体。汉语善于将“虚”的概念以“实”的形式体现出来，重动静结合，虚实结合，给人一种“实、明、显”的感觉。如“揭竿而起”、“接踵而来”、“混口饭吃”。中国人擅长形象思维，这是历经数万年的历练，受其汉语言文字的诱导、暗示而形成的。中国文字是由整体象形文字发展而来的会意文字，有书画共源的特点，其起源的形象当是原始图画，经后世演化，逐渐由图画形式改为线条即成为象形文字，凸现简单的物象，有较强的直观性。尽管如此，现代汉字的写法或结构仍浸润着丰富的物象，颇具立体感，仍容易使人把它们同外部世界的事物的形象联系起来。有些现代汉字甚至仍保留着很强的意象感即清晰的意境。例如：“舞”字的字形就很容易在人们脑海里勾勒出一个单脚立地翩翩起舞的舞者形象。汉语文字所隐含的物象十分丰富，中国人在思维中长期运用汉语进行思考，从而逐步形成了形象思维的思维模式。也有学者把这种思维称之为“悟性思维”，即“借助形象，运用直觉、灵感、联想、想象等思维形式，把感性材料组织起来，使之构成有条理的认识，具有直觉性、形象性、主观性、整体性、模糊性等特征”。

与中国人不同，西方人所擅长的思维形式则是与外部世界的客观事物的物象相脱离的抽象思维，是基于逻辑推理和语义联系的逻辑思维。西方人抽象的逻辑思维很发达，热衷于建立概念体系、逻辑体系。西方文化的重要特征之一是“尚思”，西方人“尚思”的文化传统形成了其偏重抽象的思维方式。这其实是受其印欧语系的语言特征的诱导、暗示所致。西方民族的文字也是由图形演变而来，其字母的形成和发展跟汉语的象形文字有很多相似之处。由于西方文化的“尚思”传统，主体抽象思维抽走了具体物象的形象，逐渐形成了概括某一类物象的概念符号即拼音文字，不像汉字那么直观、形象。西方语言使用拼音文字，“强调了人的智力运行轨迹。它的书写形式造成一种回环勾连，如溪水长流斩而不断的流线效果，容易诱导人们去注重事物的联系性。这种状态和语法形式共同起作用，极大地强化了印欧语系民族对事物的表面逻辑联系的感知能力。抽象的书写符号和语音形式与现实世界脱节，容易迫使印欧语系的民族在更多的场合脱离现实世界来进行抽象的纯粹借助于符号的形而上思考。”可见，西方拼音文字是通过没有意义的字母的线形连接构成单词这种有意义的最小语言单位，再通过一个个单词的线形排列组成短语、句子和篇章，缺乏象形会意的功能，因而无法诱发形象思维。经过数千年的演变，人们逐渐形成了脱离现实世界的物象而纯粹借助于文字符号及其语义联系的抽象思维。有学者又称之为“理性思维”，即“借助逻辑，运用概念、判断、推理等思维形式，探索、揭示事物的本质和内在联系，具有逻辑性、抽象性、客观性、分析性、确定性等特征”。英语民族多用抽象概念表达具体的事物，比较重视抽象能力的运用，在语言上表现为：英语常常使用大量指称笼统的抽象名词来表达复杂的理性概念和实的概念。这种表达给人一种“虚、暗、隐”的感觉。

中国人长于形象思维，西方人善于逻辑思维，这种思维模式的差异使得英语具有聚集性，而汉语具有流散性。英语的聚集性是指英语句子可以借助丰富的形态变化，采用“楼房建筑法”，以主语和谓语为焦点，把各种相关的成分与句子的主干连接起来，构成一个庞大的“主体结构”。阅读时，我们常常可以碰到长达 100 ~ 200 个单词的英语句子，有时一个段落就是一个句子。然而，不管句子的附加成分有多复杂，总是与中心成分保持着密切的逻辑关系，句内、段内之间总是条理清楚、逻辑有序。例如：

The election which has led to your being chosen to preside over this Assembly is attributed to your great country， which has contributed to the development of the history of free nations a tradition of peace that serves as an example of for the legal community that we constitute.

这一段就是一个句子，它囊括了近 50 个英语单词，但句子主干很清楚：“The election is attributed.”由关系代词“which”引导的定语从句分别修饰主语“election”和“country”，而定语从句中又有两个由“that”引导导的定语从句分别修饰“tradition”和“community”。这样一环套一环，环环相扣，逻辑非常周密、严谨。

汉语的流散性是指汉语缺乏丰富的形态变化，句子一长，就容易造成逻辑混乱，所以只能化整为零，用大量的短句、散句、流水句来表达意思。例如：“她身材苗条，个子高高的，前额突出，鼻子翅起。”这句话由四个短句构成，若译成英语是："She was a slim and tall girl with slightly bulging brows and a turned-up nose.”这样，中文的四个短句就变成了一个简单的英语句子。

需要注意的是，抽象与具体的分类只是相对而言，英语存在着大量的非常具体的描述，汉语中也不乏抽象的表达。在英汉互译过程中，抽象与具体应当视特定的情况进行转换。

四、中国人注重螺旋形思维，西方人注重直线型思维

以整体性为基点的中国思维模式，把事物作为有机整体进行笼统的直觉综合，重领悟而轻形式论证。在观察事物时，采用散点视思维方式，是一种螺旋式思维模式。而以个体性为基点的西方思维模式，把复杂的事物分解成独立的结构要素，逐个进行研究，因而更多强调逻辑分析，注重形式论证。在观察事物时，采用焦点视思维方式，思维模式呈线性。这一差异也同样是汉英两种语言文字诱导暗示的结果。

汉字很容易勾起人们对现实世界里事物形象的想象或联想，因此，中国人在长期使用这种意象化的语言过程中，思维线路逐渐发展成螺旋形即曲线型或圆型，且循环上升，具有明显的间接性。所以中国人在思考或运用语言时，经常不厌其烦地重复某些词语或句式；在行文方式上，“中国人撰写的文章往往是以笼统、概括的陈述开头。每个段落里经常含有似乎与文章其他部分无关的信息。作者的见解或建议经常要么不直接表达出来，要么就

是轻描淡写地陈述。”可见，中国人语言表达含蓄委婉、模棱两可，态度模糊。在说话、写文章的时候，中国人通常把思想发散出去后还要收回来，让它落在原来的起点上。这样的螺旋思维导致了汉语的螺旋式语篇结构，即以反复而又发展的螺旋形式对一种问题加以展开，尽量避免直接切入主题。

西方语言的拼音文字则不易勾起人们对现实世界里事物形象的想象或联想，因此，西方人在长期使用线型连接和排列的抽象化的文字符号的过程中，思维线路逐渐发展成直线型，具有明显的直接性。所以西方人在思考或运用语言时，往往不愿重复前面已使用过的词语或句式；在行文方式上，“一篇西方人撰写的论文总是有一个固定的中心论点，文章中的所有细节都按照与该关注点的关系进行安排。文章的开头部分往往就已明确地表达出作者的见解。”可见，西方人语言表达直截了当、干脆利落，态度鲜明。西方人认为事物之间是独立的，一切都在向前发展变化。所以直线型思维的西方人认为，说话、写文章的时候直接表达必定优于间接表达，并且说话人的立场应一贯保持，不能用无关的信息掩盖真实的观点。英语的语篇一般按直线展开，通常包含四个部分：导入、主题、支撑、结论，切入主题后就开门见山地先陈述段落的中心思想，即主题句，再从数个方面对主题进行阐述，最后得出结论。在语言表达上表现为：英语句式结构多为重心在前，头短尾长；而汉语句式结构重心多半在后，头大尾小。例如：“I met with the foreign teacher from Australia on the new campus at 7：30 yesterday evening，whom most of your classmates liked.”译成汉语为：“昨晚 7 点半在新校区，我碰到了那位最受你们大多数同学喜爱的来自澳大利亚的外教。”

五、中国人强调主体，西方人强调客体

中国文化以人本为主体，西方文化则以物本为主体。中国人本文化主要表现为以人文为中心，以人生为本位。道家的代表人物老子曾说：“人法地，地法天，天法道，道法自然。”而儒家先哲对世界的认识主要不是出于对自然奥秘的好奇，而是出于对现实社会政治和伦理道德的关注。例如，孔子的哲学以“仁”、“礼”为中心，“仁”寻求人伦关系规范化，“礼”要求社会有序化。先哲们谈论人生哲学的目的是“究天人之际，通古今之变”，关注的焦点是人道，而非天道，是人生之理，而非自然之性。这种人本文化在长期积淀中便形成了汉民族本体型的思维模式。

西方物本文化主要则表现为以物本为主体，以自然为本位。西方人偏重于对自然客体的观察与研究，例如，亚里士多德认为“求知是人类的本性。”培根推崇“知识就是力量。”西方人以认知自然为视觉焦点，崇尚自然、认识自然、探索自然，最终征服自然，主宰宇宙。这种物本文化的长期积淀则演变形成了西方人客体型的思维模式。

汉民族强调人与自然的统一，对思维的主体和客体没有严格的区分，所以汉语中常常会出现一些主动和被动不分的句子。如“一锅饭吃四个人”也可以说成“四个人吃一锅饭”，

体现了汉语注重意合、主客体之间相互交融的特点。西方民族则强调人与自然的对立，对思维的主体和客体有严格的区分，所以英语中的主动句和被动句有明显的标记特征。

汉民族较注重主体思维，而西方民族则较注重客体思维。这两种思维模式差异在语言上表现为：汉语常用有灵主语（animate subject），即用有生命的人和动物所充当的主语（或潜在的主语）；而英语则常用无灵主语（inanimate subject），即用无生命的物体或抽象概念所充当的主语。汉语较多使用主动句，表达较主观；而英语中被动句的使用频率远远高于汉语，表达较客观。

第二节　英汉思维模式差异在语言结构上的表现

思维模式的差异表现在语言表达方式上为遣词造句、谋篇布局各自有别。这里主要探讨英汉句法结构与表达上的明显差异，因为句法结构与表达最能体现思维模式的特征。

一、形合逻辑与意合逻辑的表现

无论在单句内部还是在句群结构上，英汉两种语言的最显著差别就在于英语重形合（hypotactic），汉语重意合（pamtactic）。这是因为英美人的分析思维偏向形成了一种强调以经验为基础，着重形式逻辑论证的理性思维定式；中国人的整体思维偏向则形成一种强调意念流而比较忽视逻辑形式论证的思维定式。英语句子重形合，强调结构的完整性和形态的严谨性，汉语句子重意合，强调内容或表意的完整性。英语句子的句法构筑和信息传递借助于词语的裸露的、丰满的形态变化，是显性的，以形统意。汉语句子的句法构造和语义信息的传达借助于意义的整合，是隐性的，以意统形（张思洁，张柏然，1996）。英语高度形式化、逻辑化，句法结构严谨完备，以限定动词为核心，重分析轻意合；而汉语则不太注重形式，句法结构不必完备，动词的作用没有英语那么突出，重意合轻分析。英语句形合的突出特点是空间搭架形式，即以主谓结构为主干，以谓语动词为中心，通过大量反映形式关系的动词不定式、分词、介词、连接词、关系代词、关系副词等把句子其他各个成分层层搭架，呈现出由中心向外扩展的空间图式。汉语句意合特点的突出表现则是时间的先后顺序，即通过多个动词的连用或流水句形式按时间先后顺序和事理推移的方法，把事情一件一件地交代清楚，一层一层地铺开，呈现的是一个时间顺序的流水形图式。所以，复合句成了英语的特色，连动句、流水句则是汉语的特点。例如："It was an old woman，tall and sharply still，though withered by time，on whom his eyes fell when he stooped and turned." 这句复合句译成汉语，可以分割成小句，按照逻辑事理排列："他站住，转过身来，定睛一看，原来是个年迈的妇女。她身材修长，虽受岁月的折磨而显憔悴，但风韵犹存。"

二、从部分到整体与从整体到部分的表现

英美人思维上个体优先，从局部出发，从部分到整体，强调形式结构程式。中国人思维上则整体优先，从全局出发，从整体到部分，强调整体平衡、整体程式。这种思维模式的差异表现在语言上：汉语表示时间或空间，排列顺序为从大到小；英语则常常是从小到大。例如时间，中国人的排列顺序是年、月、日、时、分；而英美人则是分、时、日、月、年。中国人表达空间概念的顺序是国家、省、市、街道；英美人则正好相反，其表达空间的顺序是街道、市、省、国家。在社会关系的属性上，中国人遵循姓氏、辈分、本名的顺序，从整体到个人；而英美人则是本名、中名、姓氏，遵循的是个体、部分、整体的顺序。另外，在造句时，汉语句子的时间状语和地点状语的排列顺序也常常是从大到小；英语句子则刚好相反，从小到大。例如："上周星期一每隔两个小时我就要在那儿坐一会（I sat there for a while every couple of hours on Monday last week.）"再如："他在云南省昆明市郊的一个小厂里工作。"（He works in a small factory in the suburb of Kunming City，Yunnan Province.）

三、直线思维与曲线思维的表现

在表达思想时，英美人的思维更直截了当，他们习惯把要点放在句首先说出来，开门见山，然后再把各种标志一一补进；而中国人则习惯于从侧面说明、阐述外围的环境，最后才点出话语的信息中心。也就是说，英语的话语结构呈直线性，而汉语的话语结构则呈螺旋形。这种差异，在语言上表现为英语句式结构多为前重心，头短尾长；而汉语句式结构多为后重心，头大尾小。例如："He had flown in just the day before from Beijing where he had spent his vacation after the completion of the construction job he had been engaged in."而汉语则说"他原来参加一项建筑工程，任务完成之后去北京度假，前一天才坐飞机回来。"

四、抽象思维与形象思维的表现

英美人擅长于用抽象概念表达具体的事物，比较重视抽象思维，而中国人则更习惯于运用形象的方法来表达抽象概念，不太重视纯粹意义的抽象思维。在语言上表现为英语常常使用含义概括、指称笼统的抽象名词来表达复杂的理性概念；而汉语则习惯于使用具体、形象的词语来表达虚的概念。例如：I Popular rejoicing will go on for a week throughout the country."（在全国，庆祝活动将持续一个星期之久。）英文中的抽象名词"rejoicing"（庆祝）译成汉语加上了具体化的名词"活动"。

第三节　思维模式差异对翻译的影响

翻译“是语言的翻译，也是思维的翻译”。思维是语言转换的基础，这就决定了语言的具体转换必然受到思维差异的限制。英汉思维模式的差异给英汉互译实践带来了障碍。

一、理解方面的影响

由于英美人抽象思维较发达，抽象表达在英语里使用得相当普遍；中国人形象思维则相对发达，往往缺乏英语中相应的抽象表达手段。因此，英语中大量的抽象表达法经常难以用汉语对应地翻译出来，相反，汉语中许多具体的表达法也难以在英语中得以形象地体现出来。

“菱很小，但很嫩，吃到嘴里满口生香。”

（Hough the water chestnuts were small，they were tender and delicious.）汉语句中的具体描述“吃到嘴里满口生香”，若直译成英语，势必使译文晦涩、冗长，所以改译成抽象描述：delicious。

英美人较中国人更注重形式逻辑，因而英语中较多使用形式连接手段，意蕴也较为丰富，常给翻译带来困难。例如：My friend and I had just finished lunch at an expensive restaurant when we realized that we didn’t have enough money to pay the bill.”（我和我的朋友在一家豪华的饭店里刚用毕午膳，意识到所带的钱不够付账。)英文句中的连接词“when”很容易被中国人按常规理解为“当……时”译出，显然不合原意。其实在意义上，全句中的主要部分不是主句，而正是“when”引导的从句。

二、表达方面的影响

英语重形合，汉语重意合。这是英汉句法结构上最主要的异质特征，它往往给翻译带来障碍。英语形合特点与汉语意合特点的负迁移严重影响着译文表达的准确性和流畅性。英译汉中，相当数量的形式连接手段不必对应地译成汉语，而应通过语义连接手段在字里行间表现出来；汉译英则与之相反。例如：（1）“The weather was so hot that he found it difficult to stand it.”若“兵对兵，将对将”地将此句英文译成汉语：“天气是如此地热，以致他感到难以忍受”，那么句子的西化成分“如此地……以致……”势必影响译文的流畅性。相应地道的汉语完全没有必要机械地显现该连接词语：“天气太热，他感到难以忍受。”（2）“人不犯我，我不犯人；人若犯我，我必犯人。”该句汉语英译时，若不把隐含的表示假设和并列关系的语义连接成分用形式连接词语 if 和 but 显现出来，那么译文会显得过于松散，不够准确。所以，该句汉语可按照英语句子结构严密、完整的要求而英译为：“Wewill not attack unless we are attacked；but if we are attacked， we will certainly counterattack."

英语句子中，主谓提挈功能较强，主谓这一主干结构突出；而汉语句子则相反，有的句子较为松散，甚至无主语。这方面的差异也常造成英汉互译的障碍。例如：（1）“不一会儿，北风小了，路上浮尘早已刮净，剩下一条洁白的大道来，车夫也跑得更快。”（鲁迅《一件小事》）。该句汉语被英译成：“Presently the wind dropped a little，the loose dust had been blown away，left the road way clean，the rickshaw man quickened his pace.”英译文中套用了汉语的流水句式，动词完全为限定动词的过去时态，分句之间也没有连接词语，不符合英语表达规范。应改译为：“Presently the wind dropped a little. By now the loose dust had all been blown away，leaving the road way clean， and the rickshaw man quickened his pace. ”（2）“他五岁时，碰到了一次车祸，变成了植物人。”汉语连动句英译时，首先应确定哪个动词为句子主谓结构这一主干中的谓语，然后运用适当的表示关系的词语，把其他的动词结集化为关系词结集，这样才能突出主谓结构，才符合英语的表达习惯。所以该句汉语可对译成英语：“He became a vegetable at five in a car accident.”

在外语教学中，应该重视向学生讲授英汉思维及语言表达方式的差异，注重对学生进行母语与译入语的对比修辞的讲授，把重点放在有效排除思维模式引起的负迁移上。

思维模式的差异在翻译过程中是一个不可忽视的因素，它对于译文的准确性有着极大的影响。因此，我们在实际的语言教学和实践中，不仅要重视语言和文化现象的罗列和分析，同时要重视对人们认识世界的思维方式的研究。在英汉互译实践中，重要的是尊重英汉思维模式的特点，遵循各自语言的表达习惯。只有在对语言、文化和思维模式的正确理解下，排除和化解思维差异的干扰，才能使双语转换得贴切、自然。

第五章　跨文化视域下的英汉词语翻译

第一节　英汉词汇的差异

英语词和汉语同的不同首先体现在同的构成上。英文同是由数个字母排列而成的 . 单个字母对这个单词本身的意义不产生影响。英语中词是由词素(morpheme)组成的，所谓“词素”，是指英语中“具有意义的最小单位”，不能单独运用在句子中例如，单词“electromotor”，前缀词根 “electro-” 表亦 “电的” ， “mot” 表示 “to move” ，后缀 “-or” 表示名词，那么这个单词的意思就是 “电动机” 但拆开来看，三个词根都不具备可独立运用的意义。与英语词相对，汉语词则没有内在结构和形态的变化，汉语词由单个的汉字组成，每个汉字对这个同的意义都可能产生影响。这些组成词的汉字称为语素，是可以单独运用在句子中的例如，“踏青”“单行道”“护城河”等同语，同义是由组成词的语素意义拼接起来形成的，每个语素“踏”“青”“单”“行”“道”“河”又有各自独立的意义，可以在句子中独立使用。

除了了解英汉两种语言构同上的区别以外，熟悉掌握词汇的语法分类也是非常重要的。英语词可以分为以下几种词类：名词（noun）、代词（pronmm）、数词（numeral）、形容词（adjective）、动词（verb）、副词（adverh）、冠词（article）、介词（preposition）、连词(conjunction)和感叹词(inteijection)。通常，前面六类词语可以作为独立的句子成分，具备实在的词义，如名词可做主语、宾语、表语等，动词可作谓语，形容词常作定语，副词多作状语等，这些词称为实词（notional words）；而介词、连词和感叹词都不能作为独立的句子成分，只有语法意义，称为虚词（form words）。但某个英语词属于哪个词类并不能一概而论，因为在不同的搭配中词所充当的成分是不同的。英语词的另一个重要特征就是一词多义。一个词，其词汇形式不同，如“-ing”和“-ed”形式，词汇的具体意义是不同的。它在某一个句子中充当的成分不同，在该语言环境中的具体含义也是千差万别的。

汉语词的分类和英语基本一致，但一词多义的现象相比英语少很多：因此，在开始动手翻译英语单词之前，心中一定要清楚每一个词的词性是什么、在句中充当什么成分，这样才能在具体语境中找到单词最贴切的释义，而不是在字典上随意找一个释义来拼凑翻译，

第二节　词的翻译策略

“语词”是指词或词组等独立的可以自由运用的最小的语言单位，也是语篇翻译中的基本单位。对词语的理解不深，或一知半解，或粗心大意，必然造成误译或错译，进而影响整个句子、段落和整篇文章的理解。

翻译过程中，无论是英译汉还是汉译英，先遇到的也正是语词的理解和翻译。由于英汉两种语言在词汇方面存在较大差异，原文词义的辨析和译语用词的表达就成了英汉、汉英翻译的基本问题，也是影响译文质量的一个关键环节。

词义的理解是否得当，除对英汉语言的本身修养外，还涉及有关专业知识和文化背景知识对于初学翻译的人来说，切忌望词生义，不求甚解，尤其是遇到一些常用的多义词时，除了在日常阅读时多加注意，翻译中更应勤查字典和有关工具书。

在英译汉中，选择和确定词义通常从以下几个方面着手。

一、从词的语法分析来理解

对初学翻译的人来说，准确的理解往往离不开语法分析语法分析主要从构词法、词性、涉指关系来分析词在句中充当的成分。

（一）从词的构词来分析

词的形貌结构体现了词的自身含义，因此分析词的构成有助于弄懂词义，获得词的基本含义，从而为译入语的选词提供必要的参考依据，

此外，名词的单复数不同，其词义可能全然不同。

（二）根据词性判断词义

英语中一个词可以分别属于几种不同的词性。词性不同，同义也有所不同。

正确判断词性对理解词语的意义起着决定的作用。例如，“Workers ran fish.”此句中的“ran”“fish”分别被看成是助动词和动词时，此句应译为“工人们能够捕鱼”；当它们分别被看作谓语动词和名词时，此句就变成了“工人们把鱼制成罐头食品”。

（三）从涉指关系来分析

涉指关系指词在上下文中的照应关系，包括人称照应、指示照应和比较照应等：人称照应包括人称代词的各个格，代用词 one，指示代词 such 和不定代词 some、any、each、both 等以及一些限定词 much、many、few、little 等。指不照应包括名词性指示词 this、that、these、those，以及副词性指小词 here、there、now、then 等。比较照应指有关涉及词的比较级形容同和副词。

（四）从句子成分来分析

一个词语在句中充当的成分不同，意义也不相同特别是当某些词语，从形式上看，既可用作这一成分，又可用作另一成分时，必须根据上下文和全句的意思做出准确的判断，否则就会产生理解错误。

二、根据上下文和逻辑关系来确定词义

一般，一个孤立的英语单词，其词义是不明确的。句中的词从其所处语法语义关系及其与其他词的指涉关系中获得词义，即当其处于特定的关系中时，它的词义将受到毗邻词的制约而稳定明确。这里的上下文包括词的搭配、一般意义和专业意义、词的文化背景知识、上下文提示、有关虚同的关联作用、逻辑关系等。因此，根据上下文和逻辑关系判定词义都是词义辨析中非常重要的方法。

三、根据词的搭配

词的搭配指词与词之间的一种横向组合关系英汉两种语言在长期使用过程中各自形成了一些固定的词组或常见的搭配，这些搭配有时可以逐字译成另一种语言，有时则不行造成英汉词语搭配差异的因素有三种：词在各自语言中使用范围大小不同；词在各自语言中引申意义有所不同；词在各自语言中上下文的搭配分工不同。因此，翻译时应注意英汉两种语言中词的搭配差异，在译语中选择恰当的语言来表达。

首先，要注意定语和修饰语的搭配关系。

此外，动物的叫声在英汉语言中都有各自的表达法。汉语里描述动物的叫声用得最多的是动词“叫”，但英语中动物的拟声词十分丰富，各种动物的叫声都有自己的表达法。翻译时，如果不加区别地使用，就会出现搭配错误。例如，狗叫——Dogs bark，蜜蜂嗡嗡叫——Bees buzz，绵羊咩咩叫——Sheep bleat，小鸡吱吱叫 Chickens peep，鸭子呱呱叫——Ducks quack。

四、注意词的语用色彩

注意词的语用色彩即注意词义的运用范围、轻重缓急、褒贬色彩、语体色彩和政治含义。任何语言都有语体之分，有文雅，有通俗，有粗野，还有俚语、公文语及术语等。因此，为了忠实于原文的思想内容，翻译时应正确理解原作者的基本政治立场和观点，在译语中选用适当的语言手段加以表达。

（一）词义的运用范围及其侧重点

翻译时应准确理解词的意义比如，country 表示国家的地理范畴，nation 体现在共同的

地域和政府下的全民概括，land 给人以国土或家园之感，state 指国家的政治实体，power 表本国家的实力。又如，look、glance、stare、gaze、eye 和 peep 都表示“看”，但各个词的使用范围却有所不同。

再如，offender、criminal 和 culprit 都有“罪犯”的意义，但其侧重点却有所差异。offender 指任何违反法律的人，不一定受法律的制裁，如 a juvenile offender（少年犯）、an old off ender（惯犯）；criminal 指严重犯法的人，理应受到法律的制裁，如 a war criminal（战犯）、a habitual criminal（惯犯）；culprit 指已被起诉的犯下罪行的人。

（二）词义的轻重缓急

表示“笑”的同语有很多，如 laugh 是指“大笑”，chuckle 是指“轻声地笑”，smile 是指“微笑”，guffaw 是指“放声大笑、狂笑”，giggle 是指“傻笑”，jeer 是指“嘲笑”，smirk 是指“得意地笑”，grin 是指“露齿一笑”。

表示“哭”的词语也有很多，如 weep 是指“哭泣”，iwy 是指“含泪的”，sob 是指“呜咽”，yammer 是指“哭诉”，howling 是指“哭哭啼啼的”，cry 是指“大哭”。

（三）词义的褒贬和语体等感情色彩

词语的感情色彩取决于该词在交际情景中的使用情况，反映了作者运用某一词语时所赋予它的或肯定，或否定，或尊敬，或诅咒，或古朴典雅，或庄严肃穆，或诙谐幽默等意义。例如，“ambition”一词的词义既可作褒义，又可作贬义，完全取决于它在句中所含的潜在态度。

在所指事物相同的情况下，一组同义词中的各个词可以分别用于不同的文体中，有的适用于一般文体，有的适用于正式文体，有的适用于非正式文体。因此，翻译时应注意词的文体特征。

第三节 虚词的翻译

英语词分为实词和虚词，汉语词也有同样的分类实词指有实在意义的词，表示事情、事物、感情、观点等；虚词则不表示具体的概念。英语中的虚词包括冠词（articles）、代词（pronouns）、连接词（conjunctives）和介词（prepositions）由于没有实际的意义，翻译英语虚词的时候需要根据具体的语境和搭配决定如何将其译为中文。

一、冠词的翻译

冠词是虚词的一种，没有独立的意义，只能依附在名词之前，包括不定冠词“a/an”和定冠词“the”。与汉语不同，英语冠词的存在非常广泛，含义也很丰富。不定冠词“a/

an”与数词“one”同源，表示“一个”；定冠词“the”与“this”和“that”意思接近，表示“这个或那个”，只是指示程度比较弱。一般说来，不定冠词泛指某个事物或人，定冠词特指一个或几个事物或人。而汉语的名词前面是没有冠词的，名词本身也没有明确泛指或者特指的概念。因此，在英汉翻译的时候，要根据具体的语言环境决定如何处理名词前面的冠词。

另外，英语的专有名词、抽象名词和物质名词前一般不加冠词。

在英汉翻译中，英语冠词的翻译一般涉及如下情况。

（一）冠词的省译

由于不定冠词后面所跟的名词通常是前文没有出现过的事物或者人，一般来说，省译的相对较少；而定冠词后面的名词大多数是之前出现过的，很多时候被省略了。

（二）冠词的翻译

英语的冠词在一些情况下是必须翻译出来的。

【例】He died on a Monday.

他是在一个星期一去世的。

这个句子中的“a”表示“某个”，并不是所有星期一中的随意一个，而是说话者不确定死者去世的时间具体是什么时候，用“a Monday”表示一个比较模糊的时间概念。如果省略了“a”，变成了“他是在星期一去世的”，意思就和原句相去甚远了。

二、代词的翻译

代词就是代替名词的词，可以分为人称代词、物主代词、自身代词、相互代词、指示代词、疑问代词、连接代词、关系代词、不定代词等。代词在句子当中起着名词的作用，也可以作为主语、宾语、表语、同位语等。英汉两种语言相比较而言，代词的用法有相似之处，也有不同的地方。

汉语代词一般包括人称代词、指示代词和疑问代词，而英语代词多了名词性代词和连接代词等。英语中使用代词的频率更高，指代关系比汉语更加明确，而汉语则倾向于重复人名或称谓，避免指代关系上的混乱。因此，在英译汉的时候，一定要弄清楚英文代词的指代关系，翻译出的汉语要适当减少代词的使用，使译文读起来更流畅、更符合汉语行文的习惯另外，英汉翻译中，只要不影响读者理解指代关系，代词都应当省略不译。有时，为了让汉语读者明白原文中的指示关系，还需要将代词还原为所指代的名词。

三、连词的翻译

连词主要在句子当中起连接作用，连接词与词或者分句与分句。英语连词包括从属连词和并列连词。从属连词引导从句，如“that”“which”“when”“where”“if”等。并列连词连接两个并列的词、短语或分句，包括“and”　“or”　“but”等。

【例】If teacher，parents and psychologists understand the mistakes that can be made in ascribing a meaning to life，and provided they do not make the same mistakes themselves，we can be confident that children who lark social feeling will eventually develop a better sense of their own capacities and of the opportunities in life.

假如老师、父母和心理学家理解孩子们在对生活意义认识方面可能犯下的错误，假如这些人自己不犯同样的错误，我们就会有信心：缺乏社交情感的孩子最终会对自己的能力以及生活中的机会具有更佳的判断能力

与英语不同，汉语是一种意合性语言，很多地方的连词是省略了的，如“你、我、他”，而形合性语言的英文就必须说成“he，you and me”，这个 and 是不可省略的连接词。从上面这段英文的译文，我们也可以体会出汉语意合的一些特征译文中只出现了两个连词，原文所有的从属连词全部融入整个句子的意思中了。由于汉语的意合性，汉语的词和同之间、词组之间与句子之间常常没有明显的连词，而是靠人们约定俗成的语言内在逻辑串联起来的，连接得非常灵活。我们常说的“尽在不言中”　“言下之意”或“不言自明”便是汉语这个特征的最好写照。而英语的形合性决定了英语行文的结构严密、语法规范。英语连词是虚词的一种，其语法功能远远大过其实际意义。所以，在英译汉的时候，一定要注意英汉之间形合和意合的差别；在翻译连词时，可根据具体的语境选择省译、增补、转译等方法。

（一）连词的省译

通过连词的省译，译文的意合性增强。

【例 1】Do you want your coffee with or without sugar?

您的咖啡要不要加糖?

【例 2】I can’t come today or tomorrow.

我今明两天都不能来。

这两个句子当中的“or”在翻译当中都被省略了，直接意合为“要不要”　“今明两天”。

（二）连词的增补和转译

英语连词的翻译难度不大，但是译文要符合汉语的语言习惯和行文规范，有时候会涉及英语连词的增补和转译。这需要译者对原文的深层逻辑关系有准确的把握。

【例 1】He went and lost my pen!

他居然把我的钢笔弄丢了!

这个句子中的“and”没有实际的连接意义，只是用“go”之后表示说话者的惊讶或愤怒。因此，在译文当中，我们完全找不到类似“和”　“且”等表示连接的字或者词。

【例 2】We got there nice and early.

我们早早就到了那里。

同样，这个句子中的“and”在翻译时也意合到了整个语境中，译为“早早就”。

四、介词的翻译

英语当中的介词用法繁多，所起的作用也各不相同。一般来说，介词按结构可分为简单介词，如“about”“up”“during”等；合成介词，如“alongsifle”“inside”“throughout”等；带“-ing”词尾的介词，如“barring”“following”“including”等；短语介词，如“according to”“on behalf of”“together with”等。如果按照意思分类，介词又可分为引导时间短语的介词，如“at”“on”“till”等；引导地点短语的介词，如“in”“between”“among”等；引导其他短语的介同，如“with”“in spite of”“owing to”等。不管如何分类，所有的介词都没有独立的意思，也不能在句子中作为独立的成分存在，只能与名词、代词、动名词、另一个介词、副词或形容词等以介词短语的形式在句中充当成分。

英汉翻译当中，介词的翻译也是非常灵活的，经常会根据具体语境处理为汉语的动词，也可译成汉语的介词、定语、状语，或采用成语转译，甚至省译。

第六章　跨文化视域下的英汉句式翻译

第一节　特殊结构句的翻译

一、汉语无主句、无宾句的处理

汉语是意合性的语言，只要在上下文中，意思上能够理解，就可省去任何东西，而不考虑语法或逻辑关系。在汉语中，没有主语或没有宾语的句型很普遍。英译时常需要将隐含的主语或宾语补上，以符合英语语法习惯。著名翻译学家刘宓庆认为，“在处理每一个语段时，必须试做‘完形分析’，力图捋清每一个非完整句（或词组）的结构”，要对汉语形式结构进行补足，“一般待补足的部分主要是主语、宾语及连接词”。

在翻译汉语无主句时，经常使用以下几种方法：

（1）补上人称代词作为主语，这是在口语体翻译中常用的一种办法；

（2）补上语义比较虚泛的名词当主语；

（3）转为英语被动语态，这种方法常用于正式文体，如科技论文；

（4）将汉语句子中的其他非主语成分转成英语主语；

（5）补上省略的宾语。

（一）补上人称代词作为主语

【例】加强思想政治工作，讲艰苦奋斗，都很必要，但只靠这些还是不够。

[1]It is most essential to strengthen ideological and political work and stress the spirit of hard struggle，but counting just on these will not suffice.（《北京周报》）

[2]Although we have to strengthen ideological and political work and stress the need for hard struggle，we cannot depend on those measures alone.（外文出版社）

《北京周报》译文机械地将“只靠这些”译成 counting just on these，但使用 counting 充当句子主语不是十分常用、地道。外文出版社译文改用添加人称代词主语 we 的办法，读上去更口语化、更顺畅。

（二）补上语义或具体的词语当主语

【例】过去，只讲在社会主义条件下发展生产力，没有讲还要通过改革解放生产力，不完全。

In the past，we only stressed expansion of the productive forces under socialism without mentioning the need to liberate them through reform.That conception was incomplete.

“不完全”可视为“这不完全”的省略形式，翻译译时可补上主语。补上的主语可以是较虚的 that，也可以在可能的范围内将其更具体化一些，上面译文补上了 That conception，比 that 更具体、更清楚。

（三）转为被动语态

【例】基本路线要管一百年，动摇不得。

The basic line should be adhered to for 100 years，with no vacillation.

以上译文采用被动语态进行处理，语义正确，在书面语中比较妥当：但在口语体中，应避免使用被动语态，可采用添加人称代词当主语如：“We should adhere to the basic line for a hundred years，with no vacillation.”

（四）将非主语成分转为主语

【例】自然而然地也能感觉到十分的秋意。

And a sense of the fullness of autumn will come upon you unawares.

And an intense feeling of autumn will of itself well up inside you.

上述两个译文是从客观角度翻译的，都将原句谓语动词译为译文中的主语。

（五）补上省略的宾语

汉语动词往往没有宾语，隐含的宾语需要读者自己通过推理得出。例如，某人说：“我有如下一个建议……”另一人说：“我接受。”“接受”的隐含宾语就是“建议”。英语中及物动词较多，不宜说 I accept. 而应说 I accept it. 必须把宾语显示出来。

二、省略句

语言的使用以简洁为贵，人们在说话、写作和翻译时，有时出于句法和修辞的需要，常常省去某些不必要的成分，而意思仍然完整，这种缺少一种或一种以上成分的句子称为省略句。英语和汉语中都存在省略句省略的形式多种多样，可以是主语、谓语和宾语，也可以是一个成分或多个成分对省略句的翻译，不管是英译汉，还是汉译英，关键在于对省略成分的准确理解翻译时，根据译文语言的表达习惯，增加或省略被省略的成分。如果看不清楚被省略的部分，就会产生误解，导致错误的翻译。下面探翻译省略句的常用方法。

（一）原文中省略的部分，译文中补出

省略是英语句子的一种习惯用法。英语句子中的某个或某些成分有时可以在句中不必出现，或者前面已出现过的某些成分，为了避免不必要的重复，后面可以不再出现。英语中的各种成分，如主语、谓语动词、表语、宾语、定语和状语等，都可以在句中省略但翻译时，准确理解被省略的成分，可将其在译文中补出。

（二）原文中省略的部分，译文相应省略

英语中被省略的部分，有时根据译文需要，也可以在译文中省略。例如，有些从句中省略了和主句中相同的部分，此时根据需要，可以省略原文中省略部分，尤其是由 than 引导的比较从句，从句中被省略的部分常常不译。

在汉译英时，有时根据英语的行文表达习惯，也可以省略一些成分。

三、倒装句

一般说来，英语陈述句的正常词序为：主语 + 谓语动词 + 宾语（或表语）+ 状语。但英语的词序比较灵活，有时为了强调句中某一成分，从修辞角度考虑，可将句中的有关成分提前，构成倒装。英语的倒装可分为结构性倒装和修辞性倒装两大类。倒装句的翻译关键在于对倒装句的理解，理解的关键在于对句子做出正确的语法分析，找出句子的主干，确定什么成分被倒装，一般来讲，翻译结构性倒装，汉语可采用正常语序；翻译修辞性倒装，可根据译文的需要，或保留原文语序，即仍然在汉语中使用倒装语序，或采用正常语序。

（一）结构性倒装的翻译

结构性倒装是由语法结构的需要引起的倒装，主要包括疑问倒装，there be 结构倒装，虚拟倒装，以 I here、here、then、thus、now、sovnor 和 neither 等副词位于句首引起的倒装。结构性倒装的翻译一般采取正常语序。

（二）修辞性倒装句的翻译

修辞性倒装句的目的是加强语气，或避免头重脚轻，它包括句首为表示地点的介词或介词短语、否定倒装、让步倒装、only 位于句首引起的倒装、为了叙述方便或使情景描写更加生动形象而引起的倒装等。这类倒装，根据需要，可采用正常语序或倒装语序进行翻译。

四、分词短语和分词独立结构的翻译

分词短语可分为现在分词短语和过去分词短语。一般说来，分词短语的翻译并不难，可根据它们在句中充当的成分译成汉语中相应的成分。这里主要探讨分词短语作状语时的翻译。分词短语作状语可表时间、原因、方式、结果、条件和伴随状况等逻辑关系。翻译的关键在于要准确理解分词短语与句子谓语动词之间的逻辑关系，然后在译文中补充表示

相应逻辑关系的词语。

五、并列结构句

汉语的动词没有形态变化，所以从表面形式上看并列的结构较多。英语动词可以呈现不同的形态，如动词原型、动词不定式、分词。此外，在汉译英中常出现词性转换的情况。例如，汉语动词可转为英语名词、介词等。因此，在英译的过程中汉语的并列结构常转为不并列的结构，会失去原汉语的平衡美感。有时译者应有意识地保持英译文中词汇形态的一致性和结构的平衡性。如果出现形态不一致，可以改变英译文中词汇的词性、词形，甚至增补语义不明显的词汇，以求形态一致。

当然，有时汉语句型结构也会比较随意，翻译时如果发现汉语语义上并列，但结构上未处于并列关系，译者应调整词序，使它们处在相应的结构上，这样可增强译文的平衡感和可读性。

（一）把汉语并列结构译成英语并列结构

【例】现在，我们发展社会主义市场经济，与马克思主义创始人当时所面对和研究的情况有很大不同。

At present，we are putting in place a sorialist market economy.But the conditions we are fared with are quite different from those the founders of Marxism were faced with and studied.

At present，we are putting in place a socialist market economy.But the conditions we are faced with are quile different from those the founders of Marxism faced and studied.

通常认为第二种译法质量较好，该译文用主动的 face 既与 study 平衡并列，又避免了与前面的 are faced with 重复

（二）把汉语语非并列结构改成英语并列结构

【例】鼓励、支持和规范社会力量办学、中外合作办学。

The government will encourage，support and standardize school management by non-governmental sectors or by Chinese-foreign cooperation.

“社会力量”是具体名词，“中外合作”是抽象名词，如果译成 by non-governmental sectors or by Chinese-foreign cooperation，未取得平衡，因为 sectors 是具体名词，cooperation 是抽象名词。如果把 cooperation 换成 undertakings，这一问题便可以解决。

六、被动句

语态是动词表示主语与谓语关系的一种形式，可分为主动语态和被动语态两种。主动与被动虽是人类认识客观世界的两种不同的角度，但表达了同一个事实。两者在意义上的差别在于主动语态表示主语是谓语动词动作的执行者，叙述强调的是动作；被动语态表示

主语是谓语动词动作的承受者，叙述强调的是动作完成后所呈现出来的状态。

主动与被动表现形式的差异主要取决于语言自身的特点，同时与一个民族的文化和思维方式有关。中国的传统哲学注重物我合一，强调思维上的整体观，在“物”与“人”的关系上，强调“万物与我为一”。也就是说，在人和万物之间和谐统一的关系中，人要起主导作用，体现了中国人思维模式中的主体意识。这种主体意识使中国人认为行为和动作一定是“人”这个主体才能进行和完成的，于是汉语中许多时候，不管是主动意义还是被动意义，句子多用主动句来表示。西方哲学的“人为万物尺度”讲究物我分明，主客体对立所以，在西方人的思维中，该强调物时，就是客体意识；该强调人时，就是主体意识。体现在主动和被动的使用上，该强调“人”，即动作的执行者时，就用主动句；该强调“物”，即动作的对象时，就用被动句。

英语是形合语言，具有丰富的形态变化，特别是动词。英语的被动句是由被动语态来表达的，由“he+ 动词的过去分词”构成，是显性的。汉语是意合语言，基本上没有形态变化，动词本身也不具备被动语态，所以汉语被动含义的表达缺乏形态形式标志.是隐性的，是依靠其他手段实现的。

（一）英语被动句的翻译

1. 译为汉语带形式标志的被动句

英语的被动句如果表示的是不幸或不愉快的事，而且句中带有施事者，可以将其译为汉语的被动句，用“被”“给”“让”“叫”“由”“为……所”等词引出动作的执行者英语的被动句也有表示不幸或不愉快的事情，但句中有动词不定式、名词、形容同等表示主语的补足语，也可译为汉语的被动句。

2. 借助汉语的词汇手段来表示英语的被动句

【例 1】Our foreign policy is supported by the people all over the world.

我们的对外政策受到全世界人民的支持。

【例 2】Poets are born，but orators are made.

诗人是天生的，而演说家则是后天造就的。

【例 3】Private enterprise and industry were permitted and encouraged.

私人企业和工业得到了许可和鼓励。

3. 译为汉语的意义被动句

英汉两种语言中都有意义被动句，它们形式上是主动句，从逻辑意义上分析却是被动句汉语中意义被动句比英语的意义被动句多很多，因此不少英语被动句可译成汉语的意义被动句。

4. 状语译为主语，原主语译为宾语的被动句

当被动句中有由介词 by 引起的状语时，可将这种状语译成汉语的主语，而将原主语译为宾语。

5. 译为汉语的泛指人称句

通过增加泛称主语，如“人家”“大家”“别人”“有人”“人们”等，将英语被动句译为泛指人称句。

6. 译为汉语的无主句

【例 1】These instruments must he handled with great care.

必须小心操作这些仪器。

【例 2】Attention has been paid to the new measures to prevent corrosion.

已经注意到采取防腐新措施。

7. 译为汉语的“把字句”

【例 1】These questions should not he confused.

不要把这些问题混在一起。

【例 2】In the first battle of this period two divisions were disarmed and two divisional commanders were captured.

第一仗就把敌军两个师解除武装，俘虏了两个师长。

8. 译为汉语的“进行句”

【例 1】The dinner is cooking.

饭正在做。

【例 2】The film is showing in cities.

这部电影正在市内各电影院放映。

（二）汉语句子向其语枝动句的转换

1. 将一些表示情感变化的主动句译为英语的被动句

汉语中表达由客观环境造成的处境、感受和情感上的变化，句子常用主动。而英语在表达由客观环境造成的处境、感受和情感上的变化时，常用被动。

2. 将一些汉语中的话题评说句译为英语的被动句

汉语中有一些话题评说句，其话题在语义上是受事，这类句子可以译为英语被动句。汉语中还有一些存现句，也可以译为英语的被动句。

3. 将汉语中的一些意义被动句译为英语的被动句

【例 1】这酒口感不错，与价格相称。

This wine drinks well for its price.

【例 2】那——不行！前天董事会已经派定了用场。（茅盾《子夜》）

Nothing doing there，I'm afraid.All the money was allorated to various uses at the board meeting the day before yesterday.

4. 将汉语中的无主句和泛指人称句译为英语的被动句

无主句是汉语中经常使用的句型，这类句子通常省略主语或隐含主语，处理这类句子最常用的方法就是将其译为被动句。泛指人称句指句中的主语是“大家”“人家”“有人”“他们”等的句子，这类句子主语所指不确定，其重要性不及宾语。因此，常将这类句子译为被动句。

5. 将汉语中一些被动句直接译为英语的被动句

这类句子主要有两种：一种是带被动标志；如“被”“为”“叫”“给”“由”“为……所”等的被动句；另一种是借助词汇手段，如“受（到）”“遭（受）”“蒙”“挨”“得到”“加以”“给以”“予以”等构成的被动句。

6. 将汉语中的“是……的”结构译为英语的被动句

汉语中的“是……的”结构用来说明一件事是怎样的，或在什么时间、什么地点做的，带有解释的语气英译时，常常译为被动句。

7. 将汉语中的“把”字句和“使”字句译为英语的被动句

汉语中有一些“把”字句和“使”字句，根据表达的需要，可以译为英语的被动句。

第二节　几类英语从句的翻译

一、定语从句

（一）限制性定语从句的翻译

限制性定语从句对所修饰的先行词起限制作用，与先行词关系密切，不用逗号隔开，翻译这类句子可以用以下方法。

第一，前置法，前置法就是将英语限制性定语从句译成带“的”字的定语词组，放在被修饰的词前面，从而将复合句译成汉语单句。这种方法常用于比较简单的定语从句。

第二，后置法。如果定语从句的结构比较复杂，译成汉语前置定语显得太长而不符合汉语表达习惯时，可以译成后置的并列分句。

首先，可以译成并列分句，省略英语先行词。

其次，可以译成并列分句，重复英语先行词。

第三，融合法融合法是把原句中的主句和定语从句溶合在一起译成一个独立句子的一种方法。

（二）非限制性定语从句的翻译

英语非限制性定语从句对先行词不起限定作用，只对它加以描写、叙述或解释，翻译这类从句时可以运用下列方法。

第一，前置法。一些较短的且具有描写性的非限制性定语从句可以译成带“的”字的前置定语，放在被修饰词的前面。

第二，后置法。后置法的处理主要有两种情况。

首先，译成并列分句。

其次，译成独立分句。

（三）兼有状语功能的状语从句

英语中有些定语从句兼有状语从句的功能，在意义上与主句有状语关系，说明原因、结果、目的、让步、条件、假设等关系。在翻译的时候，应根据原文发现这些逻辑关系，然后译成汉语各种相应的偏正复合句。

二、名词性从句的翻译

（一）主语从句的翻译

以 what，whatever，whoever 等代同引导的主语从句可按原文的顺序翻译，其中，以 what 引导的名词性关系从句可译为汉语的“的”字结构或在译成“的”字结构后适当增词。

（二）宾语从句的翻译

以 what、that、how 等引导的宾语从句，在翻译时一般不需要改变它在原句中的顺序。

（三）表语从句的翻译

同宾语从句一样，表语从句一般也可按原文顺序进行翻译。

（四）同位语从句的翻译

一般情况下，同位语用来对名词或代词做进一步解释，单词、短语或从句都可以作同位语。在翻译时，并没有对同位语的顺序做过多规定，一般可以保留同位语从句在原文的顺序，也可以将从句提前。

此外，在翻译时，还可以采用增加“即”或“以为”，或用破折号、冒号将同位语从句与主句分开的方法。

三、状语从句的翻译

（一）时间状语从句的翻译

对于时间状语从句的翻译，这里以较为复杂的 when 为例进行说明。在翻译 when 的时间状语从句时，不能拘泥于表示时间的一种译法，要结合实际环境，采用不同的翻译方法具体翻译方法有以下几种。

（1）译为相应的表示时间的状语从句。

（2）译为“刚……就……”“一……就……”结构。

（3）译为“每当……”“每逢……”结构。

（4）译为“在……之前”“在……之后”结构。

（5）译为条件复句。

（6）译为并列句。

（二）条件状语从句的翻译

1. 译为表“条件”的状语分句

【例】If you tell me about it，then I shall be able to decide.

如果你告诉我实情，那么我就能做出决定。

2. 译为表“补充说明”的状语分句

【例】He is dead on the job.Last night if you want to know.

他是在干活时死的，就是昨晚的事，如果你想知道的话。

3. 译为表“假设”的状语分句

【例】If the government survives the confident vote，its next cnirial test will come in a direct vote on theaties May 4.

假使政府经过信任投票而保全下来的话，它的下一个决定性的考验将是 5 月 4 日就条约举行的直接投票。

（三）原因状语从句的翻译

1. 译为因果偏正句的主句

【例】Because he was convinced of the accuracy of this fact，he stuck to his opinion.

他深信这件事正确可靠，因此坚持己见。

2. 译为表原因的分句

【例】The crops failed because the season was dry.

因为气候干旱，农作物歉收。

（四）让步状语从句的翻译

1. 译为表“无条件”的状语分句

【例】No matter what misfortune befell him，he always squared his shoulder and said：“Never mind.I'll work harder.”

不管他遭受到什么不幸的事儿，他总是把胸一挺，说：“没关系，我再加把劲儿。”

2. 译为表“让步”的状语分句

【例】While this is true of some，it is not true of all.

虽有一部分是如此，但不见得全部是如此。

（五）目的的状语从句的翻译

1. 译为表“目的”的前置状语分句

【例】We should start early so that we might get there before noon.

为了在正午以前赶到那里，我们应该尽早动身。

2. 译为表“目的”的后置状语分句

【例】He told us to keep quiet so that we might not disturb others.

他叫我们保持安静，以免打扰别人。

第三节　英语长难句的翻译

英语中，由于连词、冠词、介词等功能词的作用和非谓语动词、谓语动词等结构形式的存在，英语句子的修饰成分相当复杂，可以是单词、短语，也可以是从句，而且这些修饰成分还可以一个套一个地使用。再加上英汉句子语序上的差异，如定语和状语修饰语的位置差异、句子的逻辑安排差异等，就使英语句子结构复杂，长句较多，有时一段可能只有一句话。对初学翻译的人来说，长句的确使人感到扑朔迷离，翻译起来无从下手实际上，只要方法得当，长句的翻译并不难。

长句的翻译关键在于理解分析一般说来，对长句的理解分析可采用以下步骤。第一，通过语法分析，判断出句子是简单句、并列句，还是复合句。第二，具体分析句子结构成分如果是简单句，找出句子的主干部分、定语和状语；如果是并列句，找出连接句子的并列连词，然后再具体分析各个并列分句的结构成分；如果是复合句，找出从属连接词，分清主从句，然后再分别分析主从句各自的结构成分。这样，通过层层分析，将长句化繁为简，化整为零翻译时，采用适当的方法，将长句用符合译语表达习惯的语言表达出来。但在表达时，需要注意英汉语言的差异，采用不同的翻译方法灵活处理原文的结构。

一、英语长句的翻译

英语长句的翻译主要采用以下几种方法。

（一）顺译法

有些英语长句讲述的内容是按事件或动作发生的时间先后顺序或内在的逻辑关系排列的，与汉语的表达习惯基本一致。翻译时，一般可按原句的顺序译出。

（二）逆译法

英语中，存些句子的表达顺序与汉语的表达习惯不同，甚至相反，尤其是一些复合句，其主句一般放在句首，即重心在前。而汉语则一般按时间和逻辑顺序，将主要部分放在句尾，形成尾重心对这些句子，翻译时宜采用逆序法，也就是从后向前译。

（三）分译法

英语句子重形合，汉语句子重意合，这是英汉两种语言句子结构的根本差异之一。英语句子的各种成分前后都可有各种各样的修饰语，主从句之间有连接词，短语可以套短语，从句可以套从句，因而英语句子长而复杂。汉语造句采用意合，少用或不用连接成分，叙事按时间或逻辑顺序安排，因而语段结构流散，语义层次分明。这就使汉语中散句、松句、紧缩句、省略句或流水句较多，而长句较少因此，英汉翻译时，往往需要根据意合的原则，改变原文的句子结构，化整为零，化繁为简，将原文译为并列的散句或分离的单句，以适应汉语的表达习惯，这就是分译法分译法既适用于翻译单个的单词、短语，也适用于翻译简单句，还可以用来翻译长句或难句。

（四）综合法

英语语言的表达习惯往往是将重点部分或概括部分放在句首，然后分析叙述次要部分。而汉语则往往从小到大，按时间或逻辑顺序，层层推进，最后得出结论，突出主题。因而在英汉翻译过程中，使用前面所讲的几种方法的确可以解决很多问题。但实际上，英语中有很多长句，如果纯粹运用顺译法、逆译法或分译法，并不能解决实际问题。那么，在这种情况下，更多的是根据具体情况，并结合上下文，将这几种方法结合起来或按时间的先后，或按照逻辑顺序，顺逆结合，主次分明地对长句进行综合梳理，这种翻译方法称为综合法。使用综合法可以灵活变通长句语序，使译文的句法通顺自然，更符合汉语的表达习惯和中国人的思维表达方式。

二、汉语长句的翻译

汉语句子的特点是呈现话题一评述结构。也就是说，汉语句子由于其逻辑语言的特点和句子的表达以意尽为界，没有语法形式的限制，句子的评述没有结束，句子可以一直延续下去，其中的意思只用逗号分开，这样，句子就显得较长而英语句子则不能这样，因为英语句子是主语一谓语结构。不管对主语的说明有没有完，一个句子有了主谓就可以断掉。因此，在翻译汉语长句时，应仔细分析汉语句子结构，弄清句中各层次间的逻辑关系，根据英语的表达习惯选择适当的翻译方法。

汉语长句一般采取顺译、断句和合句这种翻译方法来处理。

（一）顺译法

当汉英叙述层次一致时，可按原文顺序翻译，在需要的地方加上适当的连接词语。

（二）断句法

翻译汉语长句时，断句是最常用的一种方法。由于汉语长句多为复句，包含层次较多，逻辑复杂，所以翻译时可根据复句或句子间的逻辑关系，适当将句子分成几句来译，这样可以使结构利落，译文意思表达得更加清晰、明白，符合英语的表达习惯。

（三）合句法

由于汉语缺少形态变化和足够的关系词，因而汉语组句只能依靠时间顺序和逻辑顺序来安排，行文也就一句一句地发展下去。而英语句子结构呈现叠床架屋结构，如果按汉语结构直译，那么译文就会成为一个一个简单的独立句，相互之间没有联系，这不符合英语句子的结构特征。因此，翻译汉语时，不能看一句译一句，要对几个句子从意思上一起分析，根据英语句子结构灵活多样的优势，将逻辑上有关系的几个句子合起来处理，译成一句比较精炼的英语句子。在汉语句子比较复杂，很难直译或破句时，常常采用合句手段来处理。

第七章　跨文化视域下的英汉语篇翻译

第一节　英汉语篇的特点

一、英汉语篇的共同点

自然语言的语篇，无论是英语还是汉语，都具有以下共同点。

（一）语义的连贯性

“完整语义”的语篇必须是一个语义单位，应合乎语法，语义连贯，有一个论题结构或逻辑结构，句子之间有一定的逻辑关系。语篇中的话段或句子都是在这一结构基础上组合起来的．一个语义连贯的语篇必须具有语篇特征，所表达的是整体意义。语篇中的各个成分应是连贯的，而不是彼此无关的。

（二）衔接手段相同

衔接是将语句聚合在一起的语法及词汇手段的统称，是语篇表层的可见语言现象从语篇的生成过程来看，它是组句成篇必不可少的条件在英汉两种语言中，语义的连贯都要靠种种衔接手段，即语篇组织。

（三）连贯和隐性连贯

以上衔接与连贯框架中的五个层次还可分为显性与隐性两种情况：显性是体现于词汇、语法、结构等语言表层形式的，隐性则是有赖于语境和语用因素蕴含的连贯。衔接是连贯的外在形式，连贯是衔接的内在意义，两者既统一（显性连贯），又不统一，即并非有衔接就是真正连贯的语篇，无衔接的也可能是真正连贯的语篇（隐性连贯）总之，语义连贯是语篇的实质，种种有形的衔接是其组织形式。单有衔接而无连贯不是语篇，两者皆备是显性连贯，有连贯而无衔接是隐性连贯。这种情况英汉语概莫能外，但并非彼此对应，即英语的显性连贯译成汉语可能是隐性连贯，反之亦然。

连贯的语篇是思维连贯性的语言表现，思维的连贯性就是思维的逻辑性，这是人类理智的共同特征和功能，是人与人之间的交流沟通及双互译的根本保证。缺乏逻辑性或违背逻辑的任何语言符号既无意义，也产生不了真正的语言交际，因此，可以说，形成语篇的根本是逻辑，理解语篇的根本也是逻辑，一切语篇无不深藏着思维的逻辑自然语言丰富多彩，种种语言变化无穷的语篇之所以具有共性和相通性，关键就在于逻辑的普遍性明确这一点乃是分析语篇、理解语篇的基础，也是英汉语篇对比的基础。也只有明确这一点，才会明白，语义相同的语篇，其衔接与连贯的不同只是语言形式上的，只有把握其内在逻辑的一致，才能保证语义内容的忠实传达。

（四）文体的多样性

自然语言的千差万别可以归为文体、体裁、语体和风格的不同，包括口头与书面、正式与非正式、不同语域和区域性的语体分别，不同时代的文风差异，诗歌、散文、小说、论述、应用等各具特色的体裁划分，因人而异的不同风格文体多样性在英汉语言中同样存在，它们的分类也大体相同各种分类都能在译语中找到相对应的形式。

二、英汉语篇的基本差异

英汉语篇的基本差异有内在的思维和外在的衔接与连贯两个方面，内外相互影响，又相互独立。但一般说来，思维层面的差异是决定性因素。

首先，英汉语分别呈现直线形与螺旋式的特征，这从根本上讲是中西方各向重综合与重分析的思维习惯的体现所谓直线形，就是先表达出中心思想，然后由此展开，后面的意思都由前面的语句自然引出英语长句“叠床架屋”式的结构最典型地表明了这种思维逻辑。

汉语的螺旋式是以“起、承、转、合”为典型的，先宣称主题之重要，然后展开反复论述，最后回归主题，并对它再三强调。其根本特征显然是重复，乃至不厌其烦地强调，即词语和结构的复现与叠加。简短的语篇也常见这种现象。英汉语篇思维逻辑的差异继而造成两种语言语篇衔接与连贯方式的不同。举例的译文中皆有体现。

其次，在语言构思方式和语言组织方式上，英语呈现形合特征，而汉语呈现意合特征。形合和意合的区别就是语篇连贯的隐显不同。英语形合指英语必须含有体现词汇语法的显性衔接，也就是从语言形式上把词语、句子结合成语篇整体而汉语的意合则无须借助词汇、语法的衔接手段，仅靠词语和句子内涵意义的逻辑联系，或靠各种语境和语用因素，便能构成连贯的语篇。因此，英汉互译时，便常见隐显不一的情况。

最后，英汉语篇的差异还体现在两种语言在思维上存在客体意识和主体意识的差别。中国语言表现多以“人”为主语。西方因注重个体思维，重理性的分析而执着于主客体分离和区别，所以一方面以“人”这个主体为主语，另一方面更多地抱客观审视的态度，以事物为主语，对其进行客观、冷静的剖析和描述，这就造成英汉语篇主语或重心的差异。

第二节 语篇翻译的衔接与连贯

一、衔接

（一）英汉语言语法的连接

语法连接指借助构造句子的语法手段，即标示词语之间结构关系的因素来实现语篇的衔接和连贯，这些因素可以是具有语法功能的词语，也可以是词语的特定语法形式，还可以是无特定词语的纯结构形式。

1. 英汉语言语法连接的差异

（1）英语的语法连接具有明显的显性连贯，而汉语的语法连接接近于隐性连贯。英语的显性连贯借助形态变化和形式词，明显地标明词之间、词语之间、短语之间或小句之间等的语法关系形态变化包括起构词作用的构词形态和表示语法意义的构形形态英语有形态变化，而汉语中却没有严格意义的形态变化英语中的形式词指用来表示词语间、句子中小句间和语段中句子间关系的起连接作用的词。英语中作为连接手段和形式的词不仅数量大、种类多，而且使用频繁，主要的连接手段和形式有介词、冠词、关系词（包括关系代词和关系副词）、连接词（包括并列连接同和从属连接词）和其他连接手段，如 it 和 there3 汉语造句更注重隐性连贯，以意统形，少用甚至不用形式手段，靠词语与句子本身意义上的连贯与逻辑顺序而实现连接。

（2）英汉两种语言在语法连接手段上都用语法手段，但各自所采用的具体方式有所不同。例如，英语的时体形式，在翻译时，汉语则要用替代方式。由于英汉语篇在语法衔接手段上存在差异，在英汉翻译时就需要恰当地进行语法连接手段的转换。英语（或汉语）用某种语法连接方式，翻译成汉语（或英语）则要靠词汇手段、逻辑手段或隐性连贯之类。

2. 英汉语篇语法衔接的转换

（1）从时体形式上分析。英语的时体作为语篇衔接的语法手段。

（2）从替代关系上分析。所谓替代，指用词语代替前文的某些词语，但不是指称性的一致关系，而只是具有同等或类似语义。替代主要包括名词替代、动词替代和分句替代，替代在英汉语中都存在，且往往互相对应。但互不对应难以照译时，需要借助其他衔接或连贯手段。

（3）从省略关系上分析。省略是用词汇空缺的方式来达到上下文衔接的目的语篇分析中常将省略分为三类：名词性的省略、动词性的省略和分句性的省略。这三类省略多数是出于语法结构的需要。语法结构上的省略是英汉语篇衔接的常见形式，无论是英语还是汉语的语法结构上的省略，若无法忠实照译，都是以目的语的词语重复或替代来解决问题。但名词性省略一般英汉语是一致的。

汉译英中要特别关注的省略现象是汉语零位主语的问题。汉语的零位主语是汉语中的一种普遍现象，与英语中的省略并非完全一回事。这是因为汉语不是主语突出的语言，组词成句是围绕主题而展开的。所以，汉语中主语有时无须出现，而读者自明。这时，汉译英就需要填补上。

（二）英汉语言词汇的衔接

词汇连接指的是语篇中出现的一部分词汇相互之间在语义上的联系，或重复，或由其他词语替代。词汇连接是运用词语达到语篇衔接目的的手段，包括语义的重复再现和各种指称关系英汉语篇的词汇衔接手段不仅总的具体方式完全相同，而且几乎都能够对应照译，特别是在语义重复方面但也有不一致的地方，尤其在指称照应方面不同多些。

1. 语义重复

语义重复指运用同义词、近义词、上义词、下义词、概括词等构成的词汇链。它包括完全相同的语义词汇的直接重复，具有各种语义关系的词的同现，以及具有因果、修饰等组合搭配关系的词的同现。

2. 指称照应

指称照应是语篇衔接的重要手段，涉及人、物、事、时间、地点和词语等一切方面，既有对外部现实世界的外指，又有对语篇内语言要素的内指，既有回指，又有下指。指称照应是为了语篇上下文的照应，形成一个照应性的系统，即一个意义完整、有机统一的语篇。英汉语在指称照应上的差异主要体现在人称指称和指示指称上就英汉翻译而言，人称指称和指示指称是最具实践和理论价值的语篇现象。

人称照应在有些上下文中是至关重要的，尤其是英译汉如果理解不正确，译文就会出现错误。

（三）英汉语言的逻辑连接

逻辑连接的差异是语篇内深层次的最普遍的连接，是保证语篇的必备条件之一。逻辑连接也有显性与隐性之分。显性逻辑连接指使用了 and、but、then、for 等连接语的衔接。隐性逻辑连接指那些不使用连接语而靠语用、语境等实现的连接。就英汉语比较而言，逻辑关系总的来说是英汉相通的，即时空、因果、转折和表示相类同的推延等基本的逻辑关系是一致的。但是英汉语的逻辑关系有时也有差异，如英语的时空关系，汉译时常改为因果关系，反之亦然总的说来，由于英汉连接语的差异和逻辑关系显性与隐性的差异，英汉翻译时，译者应选择正确的逻辑连接词或连接语，或隐或显，以使译文符合译语的表达习惯。

二、连贯

在翻译中，如果一句一句孤立地看，有些译文似乎问题不大，但从通篇或整段来看，译文却犹如断线残珠，四下散落，没有贯穿联成一气的逻辑线索或脉络究其原因，主要是忽视了原文中或明或隐的连贯性，没有在翻译中采取相应的连接和连贯手段，使译文不能成为一气呵成的有机整体。由此可见，连贯性在翻译中起着非常重要的作用。连贯是语篇中语义的关联，连贯存在于语篇的底层，通过逻辑推理来达到语义连接它是将词语、小句、句群在概念和逻辑上合理、恰当地连为一体的语篇特征。连贯的语篇有一个内在的逻辑结构从头到尾将所有概念有机地连接在一起，达到时空顺序明晰、逻辑层次分明的效果。

实际上，连贯总是和衔接密切相关的，它们都是构成语篇的重要特征之一。但这两个概念也有区别衔接是通过词汇和语法手段得以实现的，而连贯可以借助信息的有序排列来达到。要实现语篇连贯，通常采用"明显"和"隐含"两种方法前者与语篇的衔接有关，指运用词汇手段，如连接词，来形成连贯标志；后者指信息的合理排列，这是一种无标志的连贯。试比较下面的例子，看看各自语篇的连贯是如何实现的。

在翻译过程中，译者最终提供给读者的是怎样的一个语篇，完全取决于译者对原文语篇内容的理解、结构的认识及译语语篇的构建能力从语篇连贯性而言，译者首先要充分把握原文，认清原文的逻辑层次和脉络，也就是说要对原文语篇的连贯结构有明确的分析和把握，这是保证译文具有连贯性的前提其次，在对原文语篇连贯结构充分理解的基础上，译者要依照译文的连贯模式和规律对原文语篇进行重新构建。

译文连贯不当可表现在同或词组、句子内或句群内。

总之，翻译过程不仅是一种语言符号的转换过程，也是逻辑关系的转换过程和连贯结构的重新构建过程。从本质上看，这一过程涉及思维的转换过程，即译者的思路要经历一个从原文连贯结构到译语连贯结构规范的转换这种转换体现着两种语言、两种文化的思维定式的对应、对照甚至冲突，这就需要译者在思维方式上进行调整、变通，并把这种调整在译语语篇的连贯结构中具体体现出来。

第三节　英汉应用文体翻译现状及策略

应用文体并非专指某一种文体，而是指一种特定的文体类别一般来说，应用文体是与文学文本相对应而存在的文体，或称为"非文学文体"刘宓庆先生认为："举凡公函、书信、通知、请柬、启事、通告、海报、广告、单据、契约、合同以及迎送词、协议书、备忘录、商品说明书等都属于应用文之列"方梦之先生认为，公函、书信与合同、协议、通知、电报、演讲等均属应用文体。概言之，应用翻译内容广泛，涉及除文学及纯理论文本外的各个领域，如政治、经济、法律、旅游、科技和文化等内容。

一、应用文体翻译概述

翻译不仅要译出原文的意思，而且要译出原文的文体风格，翻译家应具有独特的风格。对此，王佐良先生曾认为："似乎可以按照不同文体，定不同译法。例如，信息类译意，文艺类译文，通知、广告类译体……所谓体，是指格式、方式、措辞等，须力求符合该体在该语中的惯例，林煌天认为："无论从理论上讲，还是从实践的角度看，译家都应具有自己的风格"从翻译理论角度看，译者要传达原作的思想时，必定会使用两种不同的语言，因而在翻译的过程中不可避免地会受到多种因素的制约。其中，最重要的两个制约因素：第一，"译者对原作所表达的'思想'的理解的程度、精确性和方式"；第二，"译者把理解所得转换成自己熟悉的语言时，往往会不自觉地体现译者自己的个性特色"。作为主体的译者在翻译的过程中，不仅会自然或不自然地在理解原文时流露出自己的个性，而且会在具体表达时显示出自己的个性，这就是译者风格形成的理论基础从翻译实践的角度看，我国现代和当代翻译史上的大家无一例外地都具有自成一家的风格。比如，"鲁迅的译文凝重洗练；朱生豪的译笔浑厚畅达，气势磅礴；傅雷的译文则圆熟流畅，干净利落；巴金的译文则明白晓畅，文气自然"。

基于此，在翻译教学和实践中，我们有必要注意文体的问题。概言之，"译者只有熟悉英汉各种文体类别的语言特征，才能在英汉语言转换中顺应原文的需要，做到量体裁衣，使译文的文体与原文的文体相适应，包括与原文作者的个人风格相适应"。

一般说来，文体风格不仅包括因时间、地理、阶级、性别、职业、年龄、情景等所引起的语言变体，如各种方言、正式用语、非正式用语等，还包括各种体裁的作品，如应用文体、科技文体、论述文体、新闻报刊文体等。

关于翻译的标准问题，国内外学者已有不少讨论。英国学者泰特勒曾提出忠实、风格一致和通顺的标准。我国著名翻译家严复曾提出"信、达、雅"三项标准范仲英曾指出翻译的原则即"传意性、可接受性及相似性"三个标准，或称为"翻译三要素"辜正坤早在1982年就曾提出"翻译标准多元互补论"的标准。这些标准从宏观的角度阐释了翻译的原则，对一般翻译都有指导和借鉴意义。但就各类文体的翻译而言，我们首先需要了解各类文体的语言特点，并据此制定一套行之有效的英译汉的原则。

二、英汉应用文体翻译的现状

德国著名翻译理论家威尔斯指出："要说当今有多少人从事翻译，搞文学翻译的人少得再也不能少了，翻译人员大多在交际领域的各个层面。"这里，威尔斯提到的交际领域的翻译即指应用翻译。在《非文学翻译理论与实践》一书中，李长栓援引奈达和纽马克的说法指出："文学翻译在全部翻译中所占的比例不超过 5%……诗歌的翻译仅占全部翻译的 0.5%。”可知，应用翻译在整个翻译活动中的比重是非常高的。

我国的翻译产业，尤其是应用翻译产业已进入高速发展期。黄友义指出：“截至 2009 年 12 月，全国在营语言服务企业为 15039 家，保守估计翻译和本地化服务外包业务年产值超过 120 亿元。”根据香港中文大学陈善伟教授的研究，香港从事文学翻译的只占 4% 左右，绝大多数人从事翻译实务，即应用翻译。

1999 年的国际译联第十五届大会得出一个结论：世界翻译市场发生了重大变化，翻译工作与信息收集结合，它的范围扩大了，科技翻译、经贸与法律翻译占越来越大的比例。

方梦之教授对我国应用翻译近 30 年取得的成就进行了梳理，涉及科技、经贸、旅游、医学、政经、新闻、法律、社科等门类的翻译研究成果，研究范围包括翻译理论、翻译标准、翻译方法与技巧等，同时指出了应用翻译研究存在的问题，如翻译研究还滞后于实际需求、学科建设仍然是今后一个时期的重要任务。

三、功能目的论与英汉应用文体翻译

曹明伦教授认为：“人类的主动行为都有其目的，翻译行为自不例外。但翻译行为毕竟是一种特殊的人类主动行为，因此其目的也必然具有特性。”德国“功能翻译论代表人物诺德从功能的角度将翻译定义为：“翻译是创作使其发挥某种功能的译语文本它与其原语文本保持的联系将根据译文预期或所要求的功能得以具体化。翻译使由于客观存在的语言文化障碍而无法进行的交际行为得以顺利进行。”在这个定义中，诺德认为：“原文和译文之间必有一定的联系，这种联系的质量和数量由预期译文功能确定，它也为决定特定语境的原文中哪些成分可以‘保留’或必须根据译语语境进行调整甚至‘改写’（包括可选择的和必须进行的改写）提供了标准。”目的论的代表人物弗米尔认为，“要以文本的目的为翻译的第一准则”，他把翻译看作特定情况下的某种“有意图、有目的的行为”。尽管“功能目的论”可以用来指导文学翻译和应用翻译，方梦之教授认为“相比较而言，它（功能目的论）对应用类语篇的指导作用更为明显”。

纽马克根据文本不同的内容和文体把文本划分为表达功能、信息功能和呼唤功能三种。以表达功能为主的文本主要包括文学作品、散文、自传、个人信件等，其目的在于表情达意，将个人的感情表达出来。以信息功能为主的文本包括非文学作品、教材、学术论文、报纸杂志上面的文章等，其中心是涉及语言之外的现实世间的现实生活。以呼唤功能为主的文本旨在呼吁、号召读者采取行动、去思考、去感受，这类文本通常涉及通知、宣传、口号和广告等内容。

从语言用途的角度划分，应用翻译属于“特殊用途英语”的范畴“专门用途英语是现代英语的一种变体，涵盖的语篇体裁非常广泛，几乎包括了除文学诗歌类语篇之外的所有体裁。”

四、英汉应用文体翻译的策略

关于应用翻译的原则和标准，方梦之教授曾指出“应用文体包罗广泛，不同的次语域具有不同的特点信息性、劝导性和匿名性是绝大多数应用语篇具有的主要特点。根据不同的问题特点及翻译委托人的要求，应采用不同的翻译策略”。他还在2007年提出了应用翻译的三条原则一达旨、循规、共喻，从翻译理论的层面和高度提出了应用翻译需遵循的原则和采用的标准：吕和发认为方梦之教授提出的这三个原则“在更大范围上提高对应用翻译实践和研究的适用性，提高理论的概括力和解释力，达旨——达到目的、传达要旨，循规——遵循译入语规范，共喻——使人明白晓畅：三者各有侧重，互为因果”。

林克难教授经过多年的翻译教学潜心研究，提出了应用翻译“看、译、写”的三原则：这三个原则的核心就是“译者应多读各种各样的应用英语的真实材料‘看’是英语翻译的基础；‘译’即参照同类英语材料的写作格式、专门用语及表达方式，把想表达的内容要点译出来；‘写’就是译者根据相关文体的格式用目的语把原文书写出来”。“看、译、写”从翻译过程的角度，对应用文体的翻译进行了较为具体的阐释，不失为应用文体翻译的一种方法。

林戊荪教授就应用翻译面临的新形势提出了应用翻译的“专业化、信息化、网络化”的原则，重点指出了应用翻译在经济全球化、信息快速传播和因特网日益普及的今天的发展方向。

为了进一步加强应用翻译的研究、提高应用翻译的理论和实践水平，黄忠廉教授指出“建立应用翻译学可能且可行，已有可观成果，亦可持续研究。本学科的建立可以提升并解释译艺，上可升华为基本理论，下可直接指导实践，奠定译学基础应用翻译学的分立研究将升华整个译学研究”他曾呼吁创建应用翻译学。可见，加强应用翻译研究具有非常重要的意义。

尽管不同文体会有不同的语言特征，但对译者来说，首要的还是要实现原作的“文本目的”，减少读者的“理解成本”，即要“让不懂原文的读者通过译文知道、了解甚至欣赏原文的思想内容及其文体风格”。而要实现这一目的，就必须追求目标语文本与源语文本之间的意义之相当、语义之相近、文体之相仿、风格之相称。这里的“文体之相仿、风格之相称”是应用文体翻译过程中必须解决的问题。

第八章　跨文化视域下的英语文体翻译研究

第一节　科技文本的翻译

科技文体（Scientific writing）是随着科学技术的发展而形成的独立的文体形式，包括科学专著、科学论文、科学报道、试验报告、技术规范、工程技术说明、科技文献以及科普读物等等，涉及自然科学各个专业的题材。由于科技文本种类繁杂、信息量丰富，科技翻译以准确传递信息，再现原文信息功能为最终目标。

作为一种独立的文体形式，科技文章有其自身的特点：

无人称（Impersonal）

语气正式（Formal in Mode Speech）

陈述客观、准确（Objective and Accurate in Statement）

语言规范（Standard in Language）

文体质朴（Unadornated in Stylistics）

逻辑性强（Strict in Logic）

专业术语性强（Concentrated in Technical Terms）

英语科技文本由于其独特的语篇特征，已经成为专用英语中学术英语的一个分支，即科技英语（English for Science and Technology）。在科技文本的英译过程中，我们应当针对其 特点，保持原文的准确性和独特的行文风格。下面，我们就科技文本的特点，介绍一下科技文本的翻译技巧。

一、人称和语态

科技文本主要描述的是科技活动的过程，结果或自然规律，所以较少地使用人称句。在 语态方面，汉语行文的习惯是采用主动语态为主的形式。而英语则更加注重使用被动语态，以使读者的注意力集中在作者所叙述的事实、理论和过程的客体上，从而突出科技文本侧 重叙事和推理的特点。所以，在翻译时译者需要在语态方面进行必要的转换。例如：

过去人们相信原子是元素中最小的粒子。

It was believed that an atom was the smallest particle of an element.

（汉语的主动转化成英语的被动）

利用发电机，可以将机械能转变成电能。

The mechanical energy can be turned into electrical one by a generator.

（汉语的主动转化成英语的被动）

二、专业术语强调其准确性

科技文本有其专业范围，科技英语呈高度专业术语性。专业术语语义具有严谨性和单一性，因而反映的信息更加准确。在翻译的过程中，译者应该恰当地选择词汇并且尊重英语 词语的搭配习惯。例如：

污染 contaminated（一般指食物由于接触秽物而形成的污染）/ polluted（—般指空气、水和土壤等的污染）

土壤侵蚀 soil erosion

金属侵蚀 metal corrosion

图形：几何图形用 figure；各种工作原理图、结构图、实物图、曲线图、简图、草图用 diagram；标绘图、曲线进度表用 graph；机械图或者各种结构图中的各向视图用 view；零部件的外型轮廓图用 profile；图案、图形、图样、图谱、花纹等常用 pattern；而各种工程图纸及有关附图、插图常用 drawing；一般的草图、示意图常用 scheme。

三、陈述客观、准确

科技文章是反映客观事物的，文章中不能掺杂作者个人的主观意识，对客观事物的陈述必须客观、准确。这既是科技文章的特点，也是对科技文章翻译者的基本要求。所以科技英语不像日常英语有很多的虚拟语气，而且基本上也没有感叹句。故汉译英时，译文多采用 陈述语气。例如：

指南针是利用磁铁在地球磁场中的南北指极性而制成的一种指向仪器，它和以差动齿轮结构的指南车不同。关于指南针的最初发明者和发明年代现在无可查考。但是有一点是清楚的：指南针是我国古代劳动人民在长期的生产实践中集体智慧的结晶。

A magnetic compass is an instrument showing direction based on phenomenon that a magnetic bar or needle swinging freely in the earth^s magnetic field will direct itself to lie in a magnetic south-north position.lt differs from the south-pointing chariot in that the latter has differential gearing.The inventor and the exact invention dates remain unknown，but it is clear that the primitive magnetic south-pointing instrument appeared very early in China as a result of the knowledge people gained over long years of labor.

四、时态变化不明显，多采用一般现在时

科技英语主要叙述普遍真理，描述工作原理、实验效果与结论、物质特性和功能。这样，内容就具有相对稳定性或持久性。因此，除了描述科学史实时仍需使用过去时态，科技英语通常使用一般现在时，以便给人精确无误的“无时间性”感觉。汉译英时，要特别注意时态的 运用。例如：

作用力和反作用力大小相等、方向相反。

Action and reaction are opposite and equal.

把一根吸管插入一杯饮用水中，通过吸管吸，水就会进入口中。

Put a straw in a glass of drinking water，suck through，the straw the water goes up into your mouth.

五、提高语句的逻辑性

科技英语重视叙事的逻辑性、层次感和论证手段，因此衔接手段在科技英语中应用非常广泛，大量表达各种逻辑关系的句法手段使科技文本多长句、复合句，而且语句平衡匀密，句长而不累赘、迂回，句子间的连接紧密。相比之下，汉语科技文本尽管也要求叙事准确，推理严谨，逻辑性突出，但由于汉语句式多呈流散性，出现大量零散句，容易造成行散神聚的效果。故汉译英时，应特别注意增添必要的衔接手段以保证语句连贯。这些手段包括：增词法、减词法、词类转换法、语序调整法，以及拆、并句法等等。例如：

有些机床很小，用手就可以搬动；另外一些则很大，重达 100 吨或 100 吨以上。

Some of the machine tools are so small that they can be moved by hand.Others are so big that they weigh 100 tons or more.

（增词法：添加 so...that 结构）

那位生物学家说，有些蝙蝠，借助于接受它们发出的尖叫声的回声，就能探测出障碍物的位置，并且避开这些障碍物。

The biologist says：certain bats by receiving the echoes to the squeaks they emit，can locate and steer clear of obstacles.

（减词法：宾语“障碍物”重复使用，译成英语时，可以省略一个。）

声学和通信工程人员研究的问题涉及声音的产生、传播和吸收等。

The acoustical and communications engineer is concerned with the generation，transmission and absorption of sound.

（词类转换法：“涉及”一词由动词转化成形容词 concerned）

实际应用物理学成果的，并不全是称为物理学家的那些人。这是因为，应用物理学原理的大多数人被称之为工程师。

Practical applications of physics are not all made by those labeled as physicists, for the majority of those who apply the principles of physics are called engineers.

（合句法）

第二节　新闻文本的翻译

要做好新闻报道的翻译，首先要了解新闻报道的特征。作为一种特殊的文体，新闻报道 与其他体裁有明显的区别。这主要体现在语篇的宏观结构和组织方式两个方面。

新闻报道通常由标题、导语和正文三部分构成。标题是新闻报道的灵魂，因此必须以醒 目的方式吸引读者或听众的注意力，以简练的文字报道该新闻的要点；而导语则是新闻报 道最基本内容的概括和浓缩，通常由一个句子构成。传统的导语包括 who、what、when、where、why 和 how 等，构成新闻六要素，简称概括性导语。随着科学技术，尤其是电子技术的发展，"六要素"的地位开始动摇。对突出和创新的追求导致了主要事实导语、原因导语、方 式导语及延缓型导语等的产生。正文为导语以后的段落，是新闻的主要部分。其作用是以具 体和次要的事实补充、解释或扩展导语涉及的内容。

汉英新闻正文的结构模式主要有三种类型：金字塔叙述法、倒金字塔叙述法和顺时叙述法。金字塔叙述法将事件按重要性由低到高排列，将最重要的信息放在新闻的末尾部分，通过制造悬念引起读者的好奇心；倒金字塔叙述法在两种方法中的使用频率最局。它将最重要的信息安排在新闻的开头部分，既可以调动读者的兴趣，又可以在最短时间内让读者了解新闻的核心内容；顺时叙述法按时间顺序排列新闻事实，适用于复杂事件的报道。

一、汉英新闻文本篇章对比

就宏观结构而言，汉英新闻报道具有许多共同之处，故在汉英互译过程中，首先要遵循 这种相同的宏观结构，然后遵照一般的翻译规则进行翻译。不过，汉英新闻报道在微观结构上也有不尽相同之处，翻译时需加以调整。比如，为了显示报道的"真实性"、"客观性"和"可信度"，英语新闻报道通常在导语部分的末尾把新闻出处即消息来源补上。而汉语新闻报道中，假如要提供消息来源，则往往置于导语的开头。因此，在翻译此类汉语导语时，需要调整译文的顺序，以符合英语的表达习惯。

[合众国际社华盛顿 7 月 8 日电] 据《新闻周刊》报道，日本估计今年其广告收入为 500 亿 美元，为了分享这一笔巨额收入，美国有线电视网希望在其新闻节目中更加突出亚洲特色。

WASHINGTON，JULY 8 （UPI） — CNN hopes to feature Asia more prominenetly in its news programs in order to share in Japan^s estimated $50 billion in advertising revenue this year， according to NEWSWEEK.

[路透社北京8月19日电]此间新闻界认为，总统此次来访为两国关系揭开了新的一页。

BEIJING.AUG.19（Reuter） —The president's visit has turned a new page in relations between the two countries， mass media here say.

在文体色彩方面，汉英新闻文本存在着较大的差异。西方传媒将读者奉为上帝，十分注重新闻的社会效应。英语新闻具有很强的商业性，新闻撰写者总是不遗余力地调动各种语言手段以吸引读者的注意力。因此，在英语新闻中常常有许多标新立异、别具一格的词句，报道的语气和口吻也比较亲切随和。相比较而言，汉语新闻的商业化程度较低，作者在撰稿时较少考虑到稿件的商业价值和轰动效应，而是注重实事求是地向读者讲清事实，说明观点。因此，汉语新闻的语气一般比较客观冷静、实事求是。另外，英语新闻写作向来奉行“The simpler，the better”的原则，文风力求简洁晓畅，力戒冗余拖沓。由于受中国思维方式和审美习惯的影响，汉语新闻中往往有不少冗余信息，译者须结合实际情况对其进行灵活处理，对其加以简化、修改甚至删除。

在新闻翻译的过程中，应考虑读者 / 听众的价值观、情感观、知识结构、文化背景、认知方式等因素，采取以读者 / 听众为中心的解释性翻译方法。尤其是在汉译英时，对于中国特色鲜明、外国读者难以理解的历史事件、人物与地名的翻译以及中国特有的体制、机构、方针、政策等的翻译宜米用这种方法。如“秦始皇”QinShihuang，the first emper or whou-nited China in the year 200 B.C.“辛亥革命”译为 1911 Revolution which overthrew the last feudalistic dynasty in China；“全国人民代表大会”译为 The National People's Congress，China's parliament，等等。

二、新闻标题的翻译

新闻标题起到“画龙点睛”的作用，但由于汉英两种语言在字型、语法、修辞等方面的不 同，它们的“点睛”之术也存在较大差异。

1. 概括程度不同

新闻标题起到概括或浓缩消息要点的作用。在概括程度上，汉语新闻标题倾向于尽可能详尽完整地综述新闻要点，先给读者一个总的印象。而英文新闻标题则相对简单，常以精 练的文字把新闻中最重要的概括出来，以点代面，吸引读者。译者在翻译标题时，除了确保 新闻主要信息的准确传递外，有时还要对原文标题做出必要的调整。例如：

申奥：亿万中国人民的心愿

（《人民日报》2000 年 2 月 21 日）

China has last question to answer When to host Olympics

（人民网 2001.2. 21）

45 位外国专家获友谊奖

朱镕基出席颁奖仪式并讲话

（《人民日报》1996 年 9 月 28 日）

Foreign Experts Awarded Medals

（China Daily，Sept.28，1996）

2. 措辞手法各异

动词是在中英文新闻标题中都发挥重要作用的一类词，但英文标题出于版面考虑，常选用简短动词，即所谓“小词”，如用 ban 代替 interdict， restrain，用 back 代替 support 等，而汉字大小相同，无此顾虑。此外，英文标题鲜见以动词开头，而中文标题以动词开头者却屡见不鲜。比较下面的新闻标题：

挽留北京旧城墙

（《北京青年报》1996 年 11 月 24 日）

Beijing to fix ancient city wall

（China Daily，Nov. 1，1996）

国务院重申严禁非法金融活动维护经济秩序稳定

（《光明日报》1996 年 11 月 25 日）

State eliminates illegal banking

（China Daily，Nov.25，1996）

新闻英语讲求报道的客观性，很少在标题中掺用诸如形容词或副词等修饰语，而中文新闻报道中这两类词却频频出现。

鲍威尔出访中东

Bowell on Mideast tour

（China Daily，Oct. 16，1996）

3. 时间表达有别

英语新闻标题常常使用一般现在时表示过去发生的事，用动词不定式表示“将”发生的 事。而中文新闻标题则往往借助时间词，如“昨天”、“明日”、“将”等表示时间关系。

施罗得将出访美国

Shroeder to visit US forging ties with the new Bush Administration（DPA）

向非典型肺炎开战

China Spares No Effort to Combat SARS

由于汉语新闻标题与英文新闻标题有着较大的差异，因此，在翻译时应注意：

（1）抓住新闻要点，以点代面。

（2）注意选用小词。

（3）时态宜多用现在时，用被动语态时注意系动词的省略。

（4）删除多余的修饰语。

三、新闻正文的翻译

1. 编译

新闻报道的翻译，往往采用非逐字对译法。新闻报道之所以能引起读者的兴趣，是由于新闻价值在起作用。所谓新闻价值（news value），即指衡量新闻事实的客观标准。“读者兴趣”是新闻价值特殊要素之一。一要考虑本国国情，二要考虑外国受众的要求和兴趣，对新闻内容进行选择，做到正确无误，“有的放矢”。因此，有时在国内报道中占相当篇幅的新闻，在对外报道中则被编译成简讯、图片新闻等。请对比下面的新闻报道。

我国女子运动员李对红今天在女子运动手枪决赛中，以 687.9 环战胜所有对手，并创造新的奥运记录。她为中国射击队在本届奥运会上夺得了第一枚金牌，也使中国代表团的金牌总数上升为 6 枚。

China’s Li Duihong won the women5s 25-meter sport pistol Olympic gold with a total of 687.9 points early this morning Beijing time.

（China Daily，July.27，1996）

两辆公交车在行驶中猛然相撞，造成客车严重毁损，97 名乘客和司售人员不同程度受伤，其中 37 人因脑外伤、脾破裂、骨折、肝挫伤、脑震荡等被医院收治。这一罕见的重大交通事故发生在昨天清晨闸北公园南首的共和新路干道上。

A total of 97 people were injured，37 seriously，when two buses collided in Shanghai Gonghe Xinlu Monday morning.Traffic on the roads was restored two hours later after the two damaged buses were removed，the local Wen Hui Bao reported.

（China Daily，April，11，1992）

2. 解释性翻译

新闻讲求清晰易懂。同英语新闻一样，汉语新闻报道词语求新，创新意识强，行话、套话、历史典故等丰富多样，变化多端。要想清晰易懂地把它们翻译出来，介绍给国外大众，常常需要使用解释性或注释性翻译的方法。解释性翻译能使报道更趋客观，清晰明了，有助于增强传播效果。

在汉语新闻报道的翻译中，常常对有关历史事件、地理名称、我国独有的机构、节日、习俗、行话、套话、历史典故等采用解释性方法。比如“巴金”、“老舍”译作“Chinese writers Ba Jin and Lao She”，“北京”、“上海”分别译作“the capital city of Beijing”和“the largest industrial city of Shanghai”，“山东”译作“Shandong in East China”，以便让外国读者了解以上这些 地方的地理位置及特点。

第三节 旅游文本的翻译

旅游文本包括与旅游有关的宣传资料、广告、旅游景点介绍等。他是以国外的普通游客作为对象，目的是传播中国文化，吸引游客，促进中国的旅游业和推动我国与其他各国的文化交流。文化是旅游的核心，是旅游业蓬勃发展的源头和潜能。然而恰恰是旅游资料中蕴涵的文化因素给旅游翻译带来很大的困难。具体来说，有以下几方面：

由于文化的空缺造成的词汇的空缺。如在英语中找不到和“阴阳”、“太极”、“粽子”等相对应的词汇；

文化的冲突造成语义的曲解。如一些颜色的词语在中西两种文化中的象征性是有很大的区别的；

中西方不同的文化心理、思维方式和审美观念造成不同的行文结构和修辞方式。中文行文辞藻华丽，情感横溢，讲究对仗和音韵美，而英语的特点是重形式、重写实和重理性，形 成了其句式结构严整，思维缜密，注重逻辑，简洁自然的风格。

所以在翻译旅游资料的过程中，不能死扣原文，亦步亦趋，而是要在不影响原文思想表 达的前提下，对原文做适当的增删等必要的调整，力图达到语言具体生动，语法简洁明了，表达简洁传神。

一、音译和意译

完全音译的方法使用于行政区划名称，如城市、乡镇、县城、村庄等翻译。如北京（Beijing）、八达岭（Badaling）、北戴河（Beidaihe）、西安（Xian）、临潼（Lintong）等。

完全意译对保留原文形象及文化、历史内涵至关重要。如故宫的景点名称大多采用意译的方式。如果采用音译，则对于外国游客来说，只是一个符号，而失去了译名所承载的内 涵。如：太和殿（Hall of Supreme Harmony）、坤宁宫（Palace of Earthly Tranquility）、二潭印月（Three Pools Mirroring the Moon）、寒山寺（Cold Mountain Temple）、拙政园（Garden of Humble Administrator）等。

音、意双译一般都采用专名音译，通名意译的方法，牵涉到历史上和传说中的人物时，尤其如此。例如茅盾故居（Mao Dun's Former Residence ）、杜甫草堂（Dufu's Thatched Cot- tage）等。许多山、河、湖、海的名称也多采用此译法。如果景点名称属于汉语的“单名”，为照 顾首韵，应将通名首译出来，例如太湖（Taihu Lake）、黄山（Huangshan Mountain ）、豫园（Yuyuan Garden）；如果是“双名”，则不必将湖、山、海、园等词译出来，如普陀山（Putuo Mountain ）、峨眉山（Emei Mountain）等。

很多地名的翻译都采用的是音译和意译兼顾的方法，即用拼音的形式处理景点名称，同时用意译的方式对其进行了解释。比如："炼丹台"—Liandantai（the Alchemy Terrence）、"瑶池"—Yaochi（the Lake of Immortals）等等。这种译法使外国游客既可以了解中国的语言，又可以明白名称的文化信息。

二、增添

增添理解原文内容所需的背景知识，如：事件发生的年代，名人的生卒年代，他们的身份及其在历史上的贡献，名胜的具体位置等等。旅游资源除了其本身的自然景观所具有的欣赏价值外，大多含有丰富的文化内涵，从而产生了特殊的欣赏价值。不增添背景信息，一般外国游客则无法看懂。如：

林边有一个洞，叫白龙洞。传说《白蛇传》的白娘子曾经在这里修炼。（白娘子是谁？她 为何在此修炼？不加说明，游客如堕五里雾中。）

Near the forest is the White Dragon Cave which is said to be the very place where Lady White，the legendary heroine of the Story of the White Snake，cultivated herself according to Buddhist doctrine.

绍兴是"越瓷"的产地。

Shaoxing is the home of Yue Porcelain.Yue is a state name used to refer to the Shaoxing region in Ancient China.

翻译此句时，如果不增加说明，外国游客不知道这种瓷器为什么叫越瓷，更不知道绍兴和"越"有何关联。

三、解释

解释是指增加的部分是对字词句的字面意义的解释。一方面能让外国游人及读者建立起读音和意义的联系，了解汉语名称的字面意思，另一方面也使他们了解了这些名称的由来，增加了旅游的趣味性。如：

花港观鱼 Hua Gang Guan Yu / Viewing Fish at Flower Harbor

中和殿 Zhonghedian / Hall of Complete Harmony 武英殿 Wuyingdian / Hall of Military Prowess

武夷山脉，横亘千里，宛如一条绿色的长龙蜿蜒透迤于闽、浙、赣、粤四省。

The Wuyi Mountain stretches for thousands of miles like a green dragon all the way across the provinces of Fujian， Zhejiang， Jiangxi and Guangdong.

中国省份有不同的简称称谓，对于外国人来说，掌握起来既复杂又没有必要，翻译的时 候要做适当的解释。又如：

在"京剧"的"票友"中有许多大名鼎鼎的人物。（何为"票友"）

Actually， "piao you" means Peking opera fans.There is no lacking of social celebrities among Peking opera fans.

四、借用

借用手法指在找不到文化对应词的时候，使用译语文化中的同类典故、成语等来翻译源语有特定文化含义的表达式和形象，以求等效。如将济公比作罗宾汉，将西施比作埃及艳后，将梁山伯与祝英台比作罗密欧与朱丽叶等。如：

女娲想给世间增加生趣，使之更美。于是她用黄土捏泥人，照着她自己的样子做人。

The Almighty Goddess Nuwa wanted to add life and beauty to the world.She set about making man with clay.

在这里用了 The Almighty Goddess 使西方读者很自然地想到希腊神话中的女神，女娲这个人物的特点更容易被人接受。

五、删减

应该删减的是多余的对译文理解没有多大帮助的内容。例如中国人的文章在描写完景点后，喜欢引用名人、名言、名诗来验证自己的感受。然而，诗词毕竟是最难翻译的，无论是以书面形式还是以口头形式，能将诗词的“音美、形美、意美”恰如其分地传达给外国的读者 和游客，增加游客的游兴，应该是每个翻译工作者的理想和追求。但是由于种种原因，这些 诗词翻译过去，造成译文臃肿和累赘，甚至扭曲原意，反而妨碍了游客的理解，破坏他们的游兴，可以删去不译。如：

绍兴是历史名城，岁月悠悠，复疆载土，尽管城郭更新，日新月异，而风景依旧，不减古色古香。

Shaoxing is a famous historical and cultural city.

在这里译者只用两个形容词就把绍兴这个城市的特点做了说明，省弃了中文的华丽辞藻，但却更加直白、简洁，说明问题。

第四节　广告文本的翻译

广告是一种特殊的应用文体。广告的最终目的是传播情报，改变人们对广告商品的态度，并诱发其行动而使广告主得到利益。面向西方受众的中国产品广告的英译文本，除了具有宣传产品，促进消费的功能外，还起到对外宣传的作用，是西方世界了解中国的一扇窗口。正因为如此，汉语广告英译不能一味强调高度忠实于原文，而应灵活巧妙地予以变通，加以创造，使英译广告符合英语广告的文体特点，在最大限度上得到英语受众的接受，最终 达到宣传商品，促进经贸和文化交流的目的。

一、商标的英译

商标是商品的标志，它直接影响着消费者对产品质量的判断，甚至最终左右他们的购买行为。从语言上看，商标的构成极为简单，通常是一个词或词组，其翻译过程不受句子、段落、篇章等较深语言层次的影响。然而，商标的翻译也是一种复杂的语际间符号的转换活动，是一种跨文化交际形式。只有充分考虑到文化背景的不同和审美习惯的差异，才能使英 译商标激发译语受众的美好想象和购买欲望。商标翻译一般可采用以下几种方法：直译法、音译法、音意结合法以及转译法。

直译法是指将原商标的意义直接译出，它是翻译商标的常见方法。由于汉语和英语在表达这些意想的词汇上具有相同或相近似的含义，直译无疑是翻译此类商标的上策。

音译法是指将商标的发音直接译出，音译法简便可行，易于操作，而且实现了译名和原名发音上的统一，在翻译实践中被 广泛采用。有些译者按照英语的发音习惯和发音规则，把译名的汉语拼音在直译的基础上 加以调整，使之更加朗朗上口。

商标翻译最理想的方法当属音意结合法。译名既可保留原商标的大致发音，又能克服首译法缺乏具体意义的弱点，可谓形意兼备。

转译法是指舍弃原商标的意义和发音，为该产品重新设计一个在译语语言和文化中具有良好的传播效果的商标。

二、广告口号的英译

英语书面广告强调巧妙的设计和良好的效果，而奇妙的构思和强烈的感召力很大程度上体现在广告的口号之中。广告口号应易于理解，便于记忆，还应力求新颖独特，具有较高 的审美价值。广告口号常见的翻译方法包括直译法、转译法和仿译法。

一切皆有可能

Anything is possible（直译法）

给我一个机会，还您一个惊喜

Grand Us An Honor and China Will Reward the World with More Splendor （直译法）

国酒茅台，相伴辉煌

Good and Vigorous spirit （转译法）

鹤舞白沙，我心飞翔

Fly higher （转译法）

一册在手，纵览全球

The Globe brings you the world in a single copy.（仿译法）

三、广告正文的英译

广告正文是对产品性能特点较为具体的介绍，目的在于进一步打动消费者，并促使其最终做出购买的行为。英译广告正文一方面应该简洁明了，避免大话、空话；另一方面应力求行文通顺流畅，符合英文广告的语言特色和篇章模式。

由于审美习惯不同和历史文化的差异，汉语广告文本中往往充斥着一些在英语广告中很少使用的宣传套话。此外，汉语符号系统本身就包含了一些特有的语法性冗余信息。广告 文本简洁为贵，因此这些冗余信息在广告翻译中应予以删减，甚至可以省略不译。如：

酱香突出，幽雅细腻，酒体醇厚，回味悠长，空杯留香持久，历届国家名酒评比之冠，尊为国酒。

（酒广告）

Carefully Brewed

Pure and Mellow

With a Long-Lasting Aroma

（China Pictorial，Oct.2002）

本品采用 100% 天然棉层精梳制成，品质柔软贴切，适合化装使用。经特殊化学高温杀菌，脱脂处理，品质清洁，卫生可靠。棉质柔软细致，能彻底清除油垢残妆，让你的肌肤更 具健康活力。最适用于上妆、卸妆；拭除面霜、唇膏、指甲油；清洁贵重物品。

100% COTTON

GENTLE AND SOFT enough for a baby's skin.

A NATURAL WAY to remove makeup and cleanser，nail polish，lotion，cream，etc.

PERFECT for any use where a soft absorbent applicator is needed.

另外，在涉外广告的翻译中，一定要注意西方受众的文化审美以及一些语言习惯，如果 不了解两种文化的差异，做出相应的文化转换，就不可能取得满意的效果。

第五节　法律文体的翻译

法律文件中的英语具有用词准确、规范，多用法律用语，结构严谨，多用长句等特点。翻译法律英语时，除要理解原文的语言特点外，关键还应理解原文，读懂原文。

一、法律文件的特点

施觉怀在《翻译法律文献的几个特点》一文中指出：“法律文件的翻译，最主要的要求是 应当“严谨”。因为法律文书直接影响到有关方面的权利和义务，文字略有出入会产生严重后果。译文学作品所要求的文采，韵味，以至声调等等，在译法律文书中都不需要，译法律文书要求的是严谨和精确。“法律文书有正式法令、公约、合同与学术著作等，其具体要求又略有区别，法令、公约要求更严密一些，而法学著作可以在易解和流畅方面作一定的对照，但其根本要求还是严密，在严密与流畅之间有矛盾时，应牺牲流畅。翻译文学，同一作品可以 有几种译本。但翻译法律（包括条约、法令、合同等，学术著作不在其内）就不应有几种译本，最理想的是只有一种译本，这才能体现出法律的严密性。”

他指出法律文件的翻译应具有下列特点：

1. 条理清：因法律文书往往繁复，不先弄清全文的条理，容易译乱，译错。

2. 文字明：因法律条文有其独特的表现方式，有时与汉语出入颇大，译文容易艰涩难懂，所以要在不影响原意的基础上，尽量使译文明确，严谨而不僵硬。

3. 意思全：因在法律文书中，往往一个限制性短语，甚至一个字都涉及权利义务范围。因此，有时需要的是意思完全而不是字字齐全。

总之，法律文件翻译应做到：第一，语言正式、精炼；第二，内容缜密、周到。

二、法律词的理解与翻译

法律文件中有专门的术语，例如 legislature，意思为“立法机关”。有些词语，也许我们很 熟悉，但在法律文件中有其特殊的含义。例如 act，不是“行动”，而是“法案”；bill 不是“账单”而是“议案”；instrument 不是“工具”而是“文件”；be party to... 和朋友聚会无关，而是表“参加”。遇到这些词，我们就不停留在原来理解的含义上，而要弄清这类词语在法律文章中的含义。除了法律术语，还有一些普通词语或习语出现在法律文章之中，如不能正确理解，同样会造成误译。例如，a host of 既与“主人”无关，也与“寄住”无关，这个习语只表示“许多”、“一系列的”。还有诸如“hereinafter，hereof，thereof, whereas, whereby”等词汇，在翻译时只有弄清这些词汇的深层含义，译文才能准确。

例如：

In the late 1960s both state and federal governments began enacting legislation and establishing new agencies to set and enforce standards of clean air and water...

20 世纪 60 年代末，各州政府和联邦政府都曾开始立法并建立新的立法机构，来制定并执行空气和水洁净的标准……

This Convention，which shall bear the date of 24 July 1971，shall be deposited with the Director-General and shall remain open for signature by all States party to the 1952 convention for a period of 120 days after the date of this Convention.

此份落款日期为 1971 年 7 月 24 日的公约将由委员会主席保管，参加 1952 年公约的所有缔约 国应在此公约落款日期起的 120 天内完成签署此公约的工作。公约失效须经各缔约国的批准或接受。

A powerful indictment of America^ disregard of ecology，Silent Spring was aimed chiefly at the wholesale use of chemical pesticides，especially DDT.

《沉默的春天》有力地控诉了美国之忽视生态，它主要针对大规模使用农药——特别是滴滴涕。

Today concern for the environment extends into such areas as chemical pollution of the air we breathe and the water we drink，strip mining， dam and road building，...and a host of other issues.

今天，环境问题已扩大到下列领域：人们呼吸的空气和饮用水的化学污染、露天采矿、堤坝和道路修建和一系列其他问题。

Have resolved to revise the Universal Copyright Convention as signed at Geneva on 6 September 1952（hereinafter called the 1952 Convention），and consequently.

故决定修订1952年9月6日于日内瓦签订的《世界版权公约》(以下称《1952年公约》)，并达成如下协议。

三、法律文体句子结构的理解与翻译

法律英语的句子结构特点之一是句式冗长，往往出现从句套从句的现象，一个长句包含了一连环的若干个从句，中间还有插入语。翻译好这样的长句，主要采用“切割法”，即在原文句子中的主从句连接处、连词处、关系代词处切断。翻译时，首先要着重理解原文，要耐 心读懂长句，分析长句中各意群的关系，然后按意群，并按其逻辑关系，译成汉语分句，应使 译文结构层次分明，意思连贯，语言通顺，逻辑性强。

例如：

It shall be subject to ratification or acceptance by the signatory States.

本公约须经签字国批准或接受。

Each Contracting State undertakes to adopt，in accordance with its Constitution，such measures as are necessary to ensure the application of this Convention.

各缔约国应依据其宪法采取有效措施保证此公约的实施。

Convinced that a system of copyright protection appropriate to all nations of the world and expressed in a universal convention， additional to， and without impairing international systerns already in force，will ensure respect for the rights of the individual and encourage the development of literature，the science and the arts.

确信适用于世界各国并以某种世界公约确定下来的用以补充而不是损害现行国际制度的版权保护制度，将保证对个人权利的尊重及鼓励文学、科学与艺术的发展……

Each Contracting State undertakes to provide for the adequate and effective protection of the rights of authors and other copyright proprietors in literary，scientific and artistic works， including writings，musical，dramatic and cinematographic works，and paintings，engravings and sculpture.

各成员国承担对文学、科学及艺术作品（包括文字的、音乐的、戏剧的、电影的作品，以及绘画、雕刻与雕塑）的作者及其他版权所有者的权利提供充分、有效的保护。

第六节　文学文体的翻译

一、文学文体的特征

所谓文学文体，主要指小说、散文、诗歌等语言形式。翻译文学文体时，我们要了解文学 语言的一些特点。文学语言用来塑造形象以反映社会生活、表达作者思想感情，同时也借助形象表现客观世界，是塑造文学形象、表达作品主题的工具。这一点恰恰是文学作品不同于一般语言的地方。文学语言可以通过形象的作用表达层次丰富的意义，产生艺术的美感。文学语言所表达的意义往往可能藏于字里行间，蕴于语言深层。一部作品的特有意义，要通过对作家个人风格和作品特殊语境的探讨才能把握。

文学语言的一个基本特征是借助形象思维来表达内容，而不是通过抽象议论来说明事理。因此文学作品主要是描绘场景，传达印象，要“显示”，而不要过多“陈述”。提供具体的形 象让读者去体会、去领悟，这正是文学语言起作用的主要方式。文学要用具体有形的事物所 引发的启迪和联想来表现生活，就自然地要运用形象、象征和各种比喻的手段，以具体表现 抽象，以有形表现无形，以有限的语言表达丰富的含义。

反语讽刺也是文学语言中的一个重要因素。说话时对语气和音调的掌握可以造成出色的讽刺效果。比较常见的方法是用庄重、严肃的口气来表现荒诞无稽的思想，或用漫不经心的语调叙述骇人听闻的事实，让读者去体会其中相反的或不同的含义。讽刺幽默还可以通 过语音、语义、句法等手段加以实现。词语搭配的有意失调也是一种常用的讽刺手法。讽刺 的特点是言此而意彼和反语双关，因此一词多义、一义多词、同音异义、异音近义等都为讽刺幽默提供了自然而方便的语言手段。

不同的句法结构可能造成不同的效果，作家可以利用这种可能，并加以创造发挥，以实 现他的创作意图。例如圆周句和松散句的运用，前者可以造成悬念，后者可以造成幽默、讽刺或戏剧性效果，因为从属句能以各种方式追述、修改甚至对抗主句意思。

句子长度的适当安排也是烘托气氛、刻画人物的一种有效手段。短句干净利落，一连串 并列的短句具有明快有力的节奏，特别适于用来显示一个连续而急速的过程。另外，文学作 品中语言的使用要符合叙述或描写对象的身份，所谓什么人说什么话，这就是角度和观点的问题。

诗歌语言是文学程度最高的语言。对于全民语言而言，诗歌语言既有恪守规范的一面，又有破格变异的一面；对比于其他文学题材来说，它有韵律、节奏、分行等独特的听觉和视 觉形式。与散文语言相比，诗歌语言更具有音韵美和节奏美，它的这种音乐性主要来自音韵、节奏和格律。押韵和节奏也是诗歌表意寄情的特殊手段。

二、文学文体的翻译

在文学文体的翻译中，汉语有别于英语的一个特点是它多用短句、短语，少用关联词语，重意合，译者必须发掘自己的形象思维能力，注重形容词的翻译技巧。需要叙事时，动词就显得很重要，而在描写时，形容词就变得很关键。

1. 概述

英语句子以主句的主干，即主语、谓语、宾语为中心，能够叠加多种形式的从属成分，如 短语、从句等，形成明显的形式结构。汉语形式结构就不那么明显，它主要靠小句的串接、意义的连贯来组句，这在文学文体中尤为突出。因此，英译汉时就会经历一种从形合结构向意合结构转化的趋势。这种趋势常体现在两个方面：一是把英语句子拆开，成为两个、三个句子，二是把英语从属成分译为汉语小句，成为小句串接的意合结构。

It seemed inconceivable that the pilot could have survived the crash.

飞行员在飞机坠毁之后，竟然还能活着，这看来是不可思议的。

（从句变小句）

A man of less courage would not have dared to work inside enemy headquarters.

如果换一个勇气不足的人，也不敢在敌人心脏里工作。

（名词短语变小句）

They were perilously close to the edge of the precipice.

他们离悬崖边很近，情况十分危险。

（副词变小句）

When they had been married a year， they had a fine son with dark curls and a golden skin.

夫妻俩结婚一载，生下一个漂亮的儿子。他一头乌黑卷曲的美发，皮肤金光透亮。

（介词短语变小句）

I spent the next hour chasing，squawking chickens all over the yard.

我赶了一个小时的鸡，那些鸡满院子乱飞乱叫。

（分词短语变小句）

2. 时间序列

在翻译含有叙述动作、事件的句子时，汉语的一个原则就是按自然时间顺序将小句排列成句，这样比较符合汉语的习惯，使行文层次清晰，叙述流畅。

One of the gunman^s first victims was an elderly man who was struck by the truck and shot in the head as he attempted to get up.

在最先受害的人中有一位老人。他被卡车撞倒在地，正要站起来，歹徒朝他头部开了一枪。

James Brindley started his self-made career in 1733 by working at mill wheels，at the age of 17，having been born poor in village.

詹姆斯·布林德雷出身于一个贫苦的农村家庭。1773 年他才 17 岁，就着手改良磨坊的车轮，从而开始了他那自我奋斗的生涯。

（先“出生”后“做事”）

3. 叙事和描写的分立

Lulled by the gentle motion and soothed by the rippling music of the waves the babies soon fell asleep.

船儿轻轻摇荡，波声潺潺悦耳，孩子们不久就睡着了。

There wits a troubled frown on his weather-beaten face，which had been disfigured by scars from a highway accident in which Rosalie9 s parents had been killed.

他心事重重，双眉紧锁，饱经风霜的脸上疤痕累累，显得很难看。这伤疤是一次车祸留 下的，罗莎丽小姐的双亲就死于那次事故。

4. 形象化语言及形象思维

有时将英语的形象化语言直接译出来会违背汉语的形象定式，这时就需要转换形象，甚至需要牺牲形象。

I should rather say not! In that connection hope is as dead as a door-nail.

我看没有希望！在这方面，希望已如石沉大海。

You are always shoving it down my throat that you^re the one with the job，but it’s not so wonderful. I’m working far harder than you.

你总是强迫我相信你工作干得顶出色，其实却没什么了不起。我干活比你勤快得多。

5. 形容词的翻译

两个或两个以上的形容词作定语或表语，翻译时要照顾到汉语的习惯，既要准确，又要 顺畅。几种方法可以考虑：

To have parents，as you have...kind，rich，affectionate parents，who give you everything you ask for...

像你这样父母双全才好呢！他们又慈爱、又有钱、又疼你。你要什么就有什么……

（加连词）

That altered，frightened，fat face，told his secret enough.

他的胖脸蛋吓得走了样子，一看就知道他在想什么道道了。

（分开）

I looked up from the exercise books of my young pupils，which I was just correcting，into the lined，kind face of a little lay sister.

我放下正在批改的那些小学生作业本，抬头一看，原来是个打杂的修女，她个子矮小、满脸皱纹、和蔼可亲。

Dawn met him well along the way. It was a pleasant uneventful ride.

在东方欲晓的时候，他早已走了一大段路了。这次骑马旅行是愉快的，没有碰到意外事件。

第七节　公示语的翻译

一、什么是公示语

公示语是指在公共场所向公众公示须知内容的语言，它包括标识、批示牌、路牌、标语、公告、警示等等。公示语范围非常广泛，在英语里没有一个与之相对应的统称。为了方便起 见，我们不妨把“公示语”翻译成 Environmental communication notices and signs。

在英语里有许多分类的公示语名称：

Street signs，traffic signs，road signs，road markers，parking signs，school signs，no-smoking signs，construction signs ...

旅游场所的指示语当然也是公示语的一个重要方面。

食品、饮料、药品、化妆品等包装上的一般性的简单的使用说明也应该算作公示语。

二、公示语的分类

就内容而言，公示语可分为四类：

1. 提示性（Information）　2. 指示性（Instructions）

3. 告示性（Notices）　4. 警告性（Warnings）

1. informational notices 提示性的

OUT OF ORDER（有故障）

NO VACANCIES（客满）

SOLD OUT（售完）

CYCLES FOR HIRE OR SALES（自行车 / 摩托车租售处）

CLEARANCE SALES STARTS TODAY（清仓大甩卖）

NOTHING TO DECLARE（零报关 / 零申报）

2. instructive / directive / guiding notices 指示性的

PLEASE QUEUE OTHER SIDE（请在那边排队）

KEEP RIGHT

DOGS MUST BE CARRIED（狗须领养）

THESE SEATS ARE APPRECIATED BY THE OLD AND INFIRM(年老者体弱者座位)

3. regulatory notices 告示性的

NO SMOKING NO PARKING NO EXIT

PLEASE DO NOT DISTURB

PLEASE DO NOT FEED THE ANIMALS（请勿在此喂养动物）

DO NOT LEAN OUT OF THE WINDOW（请勿探出窗外）

KEEP OFF THE GRASS（勿踏草坪）

EXAMINATIONS IN PROGRESS 正在考试

ADMISSION TO TICKET HOLDERS ONLY 凭票入场

SHOPLIFTERS WILL BE PROSECUTED 偷窃将受到起诉

4. warning notices 警告性

MIND YOUR HEAD 注意碰头

MIND THE STEP 注意路滑

FRAGILE 易碎品

BEWARE OF PICKPOCKETS 严防小偷 DANGER

三、英语公示语的特点

语言简洁明了，正式规范。可用下面五个由字母 C 开头的单词来概括：

Concise，conventional，consistent，conspicuous，convenient

简洁、规范、统一、醒目、方便

英语公示语的语体比较正式，如：

Offenders selling tobacco to minors will be fined.

不准向未成年人销售香烟，违者罚款。

We are authorized to demand proof of buyer's age.

本店有权要求购烟者提供年龄证明。

下面这些例句显示了公示语和日常口语的对照：

FEEDING ANIMALS STRICTLY PROHIBITED.

You are not allowed to feed the animal.

PENALTY FOR DROPPING LITRE——UP TO 100 FINE.

You can be taken to court and made to pay 100 for dropping rubbish.

NO THROUGH ROAD FOR MOTOR VEHECLES. 车辆不通

There is no way out at the other end of this road for cars.

CYCLISTS DISMOUNT HERE. 骑自行车者在此下车

Cyclists should get off their bicycles here.

NO ADMISSION TO UNACCOMPANIED MINORS.

Young people under 18 years old can only come if they are with an adult.

四、公示语的翻译

常采用三种不同的翻译方法：

Borrow：借用英语中对应的表达方法

Adaph 参照英语中类似的表达方式进行适当的更改

Create：在前两种情况都不存在的情况下，按照英语的习惯和思路进行创译。

可以归纳为 A-B-C 模式，即“模仿 - 借用 - 创新”模式。

一条原则：充分考虑英语的表达习惯

1.“请勿吸烟”和“严禁吸烟”

可直接从下面现有的几种表达方法中加以选择：

NO SMOKING

NO SMOKING IN THIS ESTABLISHMENT / BUILDING NO SMOKING EXCEPT IN DESIGNATED GUEST ROOMS

designated room / area 指定的吸烟区

如要特别强调“严禁吸烟”还可这样说：

ABSOLUTELY NO SMOKING

Danger：No smoking or open flame

危险：禁止吸烟和明火

如果要想语气婉转些，也可以这样表达：

Thank you for not smoking.

Notice：This is a smoke-free / non-smoking facility / building.

此处为无烟区。

For hygiene’s sake please refrain yourself from smoking in this room.

为了您和他人的健康，请勿在此吸烟。

以上均属于照搬借用（borrow）的翻译方法。

2. 商业零售设施

也可米用 borrow 的翻译方法，如：

Automatic vending 自动售货机

Conveniece store 便利店

Discount shed 折扣大棚

Discounters 折扣摊点

Edge of town site 近效商业点

Factory outlet 厂家直销点

Franchising 特许经营

Hypermarket 巨型超市

In-home retailing 上门销售

Mail order retailing 邮购服务

Non-store retailing 无店面销售

Retail park 零售园

Specialty shop 专营商店

Suburban center 市郊商业中心

Telemarketing 电话销售

Variety store 综合商店

arehouse club 会员制超市

零售商业的形式还有：

Bazaar 市场（源自中东地区）；慈善义卖点

Boutique 服饰专卖店

Chain store 连锁店

Emporium 百货商场，商业大厦

Farmers market 农贸市场

Flea market 跳蚤市场，旧货市场

Licensed shop / vender of tobacco and alcohol 烟酒专卖店

General store 杂货店

Grocery store 蔬菜水果店

Shopping arcade 廊式商业街

Shopping center 购物中心

Shopping mall 大型购物中心

Shopping parade 购物市场 Shopping plaza 购物广场 Shopping precinct 商业步行街 Export goods store / emporium 外贸商场

3. 保护绿地的警示语

保护绿草，留住绿意。小草有生命，脚下请留情。

小草微微笑，请您走便道。护一片绿叶，献一份爱心。

Preserve green grass and retain the green color.

Little grass has life，please watch your step.

Little grass is smiling slightly.Please walk on the pavement.

Protect a piece of green leaf and dedicate a share of love.

译文不规范（make no sense）

可取的翻译应是：

Take care of the grass to keep the place green.

Treading on grass is treading on life.

Little grass says smilingly："walk on the pathway，please."

Your care for the green is your love of the community.

如果用规范正宗的英语重新翻译，可直接借用英语中现成的说法"请勿践踏草坪"：

Please stay off the grass. Thank you.

Please be advised： stay off the grass.

另一种选择是按照英语的思维习惯进行翻译使译文更为生动活泼，更有艺术性。如：保护绿草，留住绿地。

Keep the grass green and fresh.

Color our city green with well-attended grass.

For our environment's sake，keep the grass in top shape.

小草有生命，脚下请留情。

Please give me a chance to grow.

Grass grows in silence. Please leave it alone.

If I am trampled like a weed， I ' d be dying at your feet.

小草微微笑，请您走便道。

I greet you with a smile and you should behave with a style.

If you stay off my ground，I'11 be green all the year round.

The smiling grass would like to say： "Please walk on the pathway."

护一片绿叶，献一份爱心。

A little turf of grass grows with the care of everyone.

My healthy growth calls for everybody5 s tender care.

Let the grass thrive with our care.

类似的公示语还有：

请勿乱扔垃圾，保持环境清洁。

Don’t be a litterbug / litter lout.Help keep the city / environment clean.

不准宠物随地大小便；宠物粪便必须随时清除。

No dog pooping!

No dog peeing!

No dog poop zone.Owners，please pick up after your pet!

If your dog poops，please scoop.

Respect your neighbor，take the poop with you.

4. 停车场和禁止停车

Car park 停车场

Parkade 多层停车场，停车楼

Underground parking 地下停车 Boom-gate parking

吊臂停车场（入口处有自动起落的吊臂控制，司机用投币或插卡的方式开启驶入）

VIP car park 贵宾停车场

Ticket parking area 购票停车

Pay Parking 收费停车场

Pay and display 购票展示（购票后放在挡风玻璃内票面朝外展示出来，以便交通管理员 traffic warden 能看得见。）

Time Limit Parking 限时停车

15 Minute Parking 15 分钟停车

Long Stay Parking 长时间停车

Flat rate parking 单一的停车费标准（不分时间长短）

Emergency parking 紧急停车

Stopping for loading or unloading only 只准临时停车装卸货

Preferred parking 就近停车

Additional parking at rear 后面还有停车位

Three for free 二人同车可免费停车

英语里有许多禁止停车的用语，如：

NO PARKING TOW AWAY ZONE

NO PARKING UNAUTHORIZED CARS WILL BE TOWED AWAY AT OWNERS EXPENSE

NO PARKING VIOLATORS WILL BE TOWED AT VEHICLE OWNER’S EXPENSE

禁止停车，违者拖走。

消防通道，严禁停车

STRICTLY NO PARKING FIRE ZONE

NO PARKING OR STANDING FIRE LANE NO PARKING FIRE STATION

私人车道，禁止停车 NO PARKING IN DRIVEWAY NO PARKING PRIVATE DRIVE DO NOT BLOCK DRIVEWAY

如在此停车，车辆及车内财物责任自负

VEHICLES AND THEIR CONTENTS ARE LEFT HERE ENTIRELY AT THE OWNERS RISK

未经允许在此停车，车轮将被锁定

CARS PARKED HERE WITHOUT PERMISSION WILL BE CLAMPED.

此处随时使用，禁止停车

NO PARKING，GARAGE IN USE

NO PARKIGN，CONSTANTLY IN USE NO PARKING JN USE 24 HOURS

装卸区禁止停车

NO PARKING LOADING ZONE NO PARKING LOADING BAY NO PARKING SERVICE & DELIVERY AREA

小型车停放区

PARKING FOR SMALL CARS COMPACT CARS ONLY

未经允许，不准停车

PARKING BY PERMIT ONLY ASSIGNED PARKING ONLY AUTORIZED PARKING ONLY

内部停车位

PARKING FOR STAFF / FACULTY ONLY RESERVED FOR EMPLOYEES MANAGER'S PARKING BAY

客户专用车位

GUEST'S CAR PARK VISITORS PARKING ONLY PARKING FOR CUSTOMERS ONLY

门前禁止停车

NO PARKING IN FRONT OF THIS GATE

请不要在护栏前停车

PLEASE DO NOT PARK IN FRONT OF THE BARRIER

禁止停车过夜 NO OVERNIGHT PARKING

英语里还有一些特别强调严禁停车的说法：

DO NOT EVEN THINK OF PARKING HERE

NO PARKING，STANDING，STOPPING ANYTIME

NO PARKING，NO STANDING，NO STOPPING，NO KIDDING!

NO PARKING，NOT 5 MINUTES，NOT 30 SECONDS，NOT AT ALL!

5. 开车及安全行车用语

超速行驶 speeding

酒后驾车

Drink and drive

Drunk driving

Driving drunk

Drunkcn driving

Driving under influence （DUI）

疲劳驾驶

drowsy driving driving drowsy fatigue driving

英语里还有这种说法：

stop，revive，survive

开车时如感到疲劳困倦，要停下来休息一下，以恢复精神，这样可以保证安全。

英语里找不到对等表达方法时，就采用“创译”的方法，如：

司机一滴酒，亲人两行泪

When a man mixes drink with drive， he is likely to bring tears to his wife.

如果要强调“一滴酒”和“两行泪”的对应，也可这样译：

One drop of alcohol on the part of the driver can result in two lines of tears for his family.

更为简洁的译文是：

Drink and drive costs your life.

宁停三分，不抢一秒 直译：

Three minutes wait is safe， one second rush is risky.

It pays to stop to wait for three minutes rather than rush to gain one second.

意译：

It’s far better to arrive late in this world than early in the next.

Better late than never.

译文更生动、地道。

第八节　商务信用证的翻译

商务文书涉及的内容较为广泛，有简单的书信及电报信文，稍复杂一点的报盘询盘，更正式的单证及提单，以及最为正式的合同和租约的草拟与翻译等，而后两者属于法律文体的范畴，这类的文体大多具有正式书面文体的特点，翻译时更要注意兼顾各类文体特点，做到表意准确，行文流畅。

信用证是由银行发行的证书，授权持证者可从开证行、其支行或其他有关银行或机构提取所述款项。它作为贸易上最重要的信用保证方法，代表买方的外汇银行，接受买方的委 托，保证其货款的支付。万一买方付不出货款，根据契约规定，银行必须履行向卖方付款的 责任。

信用证是保证卖方收到汇票后即可支取货款的信用文件。在卖方将货物装船后，外汇银行代替买方，开立汇票给卖方；卖方带着汇票和装船单据，到自己往来的外汇银行办理结 算而取得货款。

信用证由开证行（Opening Bank）通过通知行（Informing Bank）交给卖方。装船后，由议付行（Negotiating Bank）结算后转回开证行。

信用证有其独具的语言特点。从意义上来说，信用证是一项约定，它对双方均有约束力。它具有法律文书的语言特色，用词严谨、正规、专业性强，具体体现在以下几个方面，翻 译时须谨慎为之。

一、格式化和规范化

信用证的句式虽然句中缺少一定的成分，但却独立成句，且这种句式主要出现在其对单据和装船的限定等部分。系动词或助动词 be 常省略。

Latest shipment Sep. 10，2005.

最近装船时间为 2005 年 9 月 10 日。

Shipment from Dalian to Nagoya.

从大连运往名古屋的货物。

Each document to show B / L number and date and to be dated not earlier than 7 days from B / L date.

显示提单编号和日期的每张信用证，其开具日期不得早于提单日期 7 天。

All correspondence to be sent to City Bank import services department.

请将所有的信件送到城市银行进口部。

Transshipment prohibited.

禁止转运。

Partial shipment allowed.

允许分批装运。

分词短语作定语，独立成句。

例如：

Copy of beneficiaries9 telex to buyer quoting L/C number mentioning details of shipment.

二、多用书面语

这种现象主要体现在代替单个介词大量使用介词短语，常用的有：in compliance with；as per；in view of；in favor of。

例如：

The bill is marked as per advice.

汇票上标明“按照通知”字样。

This certificate of silk products is issued in compliance with the consignee's request.

丝绸产品证明书是根据收货人的要求开具的。

此外，很少使用口语词语，如表示“将来”一般用 be to do 结构或者 shall / will 结构，而不用 be going to do 或 be about to do。

例如：

This credit （is） to be negotiated at sight basis.

本信用证以见票（即付）议付。

We shall remit the proceed to you in accordance with your instructions.

我们将根据您的指令将货款汇给您。

三、古体词的使用

使用频率较高的词有：therein；thereafter；thereinafter；thereby；thereof；hereby；hereto；hereof；hereunder 等。

Usance bill drawn hereunder are to be negotiated at sight.

下面开具的远期汇票采取见票即付。

he negotiating bank is hereby authorized to make advance to the beneficiary up to an aggregate amount of USD 200，000（20% of the amount of L/C）.The advances，with the interest at the ruling rate of exchange at the time of payment of such advance，are to be deducted from the proceeds of the drafts drawn under this credit.

兹授权通知行给受益人预支信用证项下的款项，其金额不超过 200 000 美元（为本信用证金额的 20%）。本信用证项下的预支款，按付款当天公布的汇率折算并加付利息。预支款应从本信用证项下的汇票金额中扣除。

We confirmed the credit and thereby undertake that all draft drawn and presented as above specified will be dully honored（及时支付）by us at our counter on or before.

我们保兑本信用证并承诺我们将在到期当日或提前，在我行及时支付按以上说明开具并出示的所有汇票。

四、语气的变化

信用证英语中，情态动词 may，must， can， shall， should 的使用频率很高，且意义变化较大。所以在实际翻译中不但要着重搞懂其表层意义，而且要分析其内在的含义，并弄清其语 气的变化。

信用证属法律文书，开证行处于绝对的主导地位，通常其发号施令的强制性语气都是通过词语表达出来的。从下面这组信用证的属性和对单据的要求语中，可以看出，信用证是一项约定，而在这个约定中开证行处于绝对的主导地位。受益人想要支取信用证项下的款 项，他必须满足信用证的条款，即必须满足开证行的要求。

T. T. reimbursement （is）not acceptable.

不接受电汇偿付。（T.T.：telegraphic transfer 电汇）

This credit （is） not transferable.

本信用证不可转让。

这两句是开证行的事实陈述，但传递的信息是强制性的，没有任何保留余地，不能更改。

L/C No. should appear on all shipping documents.

信用证号码必须在所有的货运单据中标明。

Marine insurance shall cover the risks until applicant's warehouse in Japan.

水渍险须包括运抵投保人日本仓库的所有风险。

Packing list must show container Nos，and specify contents of each container.

装箱单必须写明箱号，并标明每箱内的货物。

上述三句为开证行的命令语，虽然语气比较委婉，但强硬的语气还是深含其中的。

Upon receipt of documents issued in strict conformity with credit terms and conditions，we shall cover you at your convenience.The present telex is the operative credit instrument and no written confirmation will follow.

一旦收到严格按照信用证条款开具的凭证，我们将就您之便如数付款。本电传作为有效信用证，不再给书面保兑。

从上面这句不难看出，当谈到自己的责任时，语气明显变弱。

五、被动语态的使用

被动语态可以把所要论述的对象放在句子的主语位置，以引起读者的注意。而且被动语态的句法结构便于调节，利于采用修辞手法，增加句子的容量。另外，被动语态比主动语 态更少主观色彩，符合严肃性和庄重性文体的需要。

The advising bank is requested to notify the beneficiary without adding their confirmation.

我们（开证行）请求通知行通知受益人没有加剧它们的保兑。

如果说将上面的原句子改为主动结构：The opening bank requests the advising bank to notify the beneficiary without adding their confirmation. 虽然汉译不变，但不难看出，主动结构平铺直叙，语气过于流露，内涵简单，显然没有被动结构严肃和庄重。

六、专业术语的使用

信用证因为具有国际通用性，意义精确严谨，文体特色鲜明，所以常使用专业术语。为 了描述进出口流程的各个环节和与此相关的各类单据，信用证使用大量表意清楚的专业术语。翻译时必须熟悉该专业知识和专业表达法，否则会贻笑大方。比如有关信用证类别的词汇：

documentary L/C 跟单信用证

clean L/C 光票信用证

reciprocal L/C 对开信用证

irrevocable L / C 不可撤销信用证

又如有关当事人的词汇：

party 当事人

applicant / principal 开证申请人

beneficiary 受益人

issuing bank 开证行

再如表示单据的词汇：

draft 汇票

invoice 友示

packing list 装箱单

bill of lading（B / L）提单

inspection certificate 检验证书

fumigation certificate 熏舱证书

下面再举例说明：

back-to-back（letter of）credit 背对背信用证 / 转开信用证

bona fida holder

善意持有人（议付行向受益人垫付资金、买入跟单汇票后，即成为汇票持有人，也就是善意持有人。）

neutral document

中性单据（指不表现出口商名称的单据。）

proforma invoice

（拉丁语）形式发票（也称为“预开发票”或“估价发票”，是进出口商为了向其本国当局申请进口许可证或请求核批外汇，在未成交前要求出口商将拟出售成交的商品名称、单价、规格等条件开立的一份参考性发票。）

第九章　英汉习俗文化对比与翻译

第一节　英汉称谓文化对比与翻译

一、英汉称谓文化对比

（一）英汉亲属称谓文化对比

1. 称谓系统差异

在称谓系统方面，英汉语言有着明显的不同英语亲属称谓较为简单、笼统，汉语亲属称谓系统则较为详细、复杂就类型而言，英语亲属称谓系统属于类分式（classificatory），汉语亲属称谓系统属于叙述式（descriptive）。

英语亲属称谓系统简单而粗疏，所以属于类分式称谓系统。类分式称谓系统是以辈分来对家庭成员进行分类。

父母、兄弟姐妹、子女、祖父母、孙儿孙女辈都有具体的称谓，其他亲属就没有较精确的称谓。例如，在父母辈中，父亲用 father，母亲用 mother，对父母的兄弟姐妹的子女则统一用 cousin 另外，英语中亲属称谓的同辈之间一般没有长幼之分，如 brother 既可以表示“哥哥”，又能表示“弟弟”，uncle 既可以指“伯伯”，又能指“叔叔”，等等可见，英语亲属称谓系统不会标明亲属是父系还是母系，也不区分是父系还是母系，而是仅用辈分来区分亲缘关系。所以，英语中只有 13 个亲属称谓名词及一些少量的修饰词（如 great、grand、step、half、first、second、in-law 等）可以使用。

汉语亲属称谓详细而具体，属于叙述式系统。汉语叙述式称谓制度的结构系统是以几千年来传承的“九族五服制”为基础的，既包括由血缘关系产生的亲属系统，也包括由婚姻关系产生的姻亲配偶系统因此，汉语中的亲属称谓不但样细，而且复杂，严格区分了直系亲属和旁系亲属、父系亲属和母系亲属，同时标明了长幼尊卑。

2. 长幼辈分差异

英语称谓中的长幼辈分通常都非常简单英语亲属称谓语仅有表示祖孙三代的词语与汉语的相对应，即 grandfather、grandmother、father、mother、son、daughter、grandson、 granddaughter 在表达曾祖、高祖或曾孙、玄孙等称谓时，

就要用形容词 great 或将 great 与 grand 重叠使用，如 great grand-father（曾祖）。一般来说，英语中亲属称谓的长幼之分都很模糊，不采用汉语中的数字排行称谓。

相较而言，中国的亲属称谓是非常精确的，会因辈分的不同而有所不同就目前来说，如同现代亲属称谓中的 23 个核心称谓是母、父、夫、妻、子、女、兄、弟、姐、妹、嫂、媳、祖、孙、伯、叔、姑、舅、姨、侄、甥、岳、婿，并且它们都是分辈分的另外，中国人长辈与晚辈之间的称呼也是有讲究的，长辈能直呼晚辈的名字，而晚辈不可以直呼长辈的名字。

此外，即便属于同辈的亲属，彼此之间的称谓也会因长幼之分而不同．例如，古代妻子称丈夫的哥哥为“兄公”或“公”，称丈夫的弟弟为“叔”，称丈夫的姐姐为“女公”，称丈夫的妹妹为“女叔”，在现代，孩子在称呼父亲的哥哥时要用“伯”，称父亲的弟弟时则要用“叔”对于兄弟姐妹、兄嫂弟媳之间的称呼，就需要借助数字来表示排行，如大哥、二弟、三姐、四妹、大嫂等。

3. 宗族观念差异

英汉称谓会体现一定的宗族观念，具体表现为英语称谓中的宗族观念较弱，汉语称谓中的宗族观念较重。

西方人追求个性自由，倡导个人主义，所以他们的宗族观念不太明显：这一特点在英语亲属称谓中体现得尤为明显英语中的 uncle、aunt、cousin 不能表示长幼顺序，这种模糊的表达说明两方人对宗族关系看得没有中国人那么重。

汉语中有很强的宗族观念，并且这种观念常与姓氏相联系例如，伯叔与姑母属于父系亲属，舅舅与姨母则属于母系亲属，所以伯叔的子女则冠以“堂”，表示其同称谓者“我”属同一宗族且姓氏相同，姑母的子女和舅舅与姨母的子女则冠以“表”，表示其同称谓者“我”姓氏不同．不同属一个宗族可见，汉语亲属称谓能明显体现出称谓者与被称谓者之间的关系，而英语中的 uncle、aunt、cousin 等则不能表明这种关系。

4. 血亲姻亲差异

英汉称谓对血亲姻亲关系的反映程度有所不同英语称谓文化在血缘和婚姻亲属称谓之间并没有非常昆著的区别，如英语中父亲的兄弟、母亲的兄弟均可用 unde 一词来表示。

由于汉语文化深受封建社会的影响，中同人非常注重血缘亲属关系例如，叔叔（血缘亲属称谓）、哥哥（血缘亲属称谓）、妹妹（血缘亲属称谓）、姑父（婣缘亲属称谓）、姐夫（姻缘亲属称谓）、弟媳（姻缘亲属称谓）、叔叔（血缘亲属称谓）。

5. 尊称方式不同

西方人向来追求自由和平等，所以西方家庭的亲属关系都是地位平等的，并且相互之间的交流非常随意。因此，英语中的亲属称谓常和姓氏连在一起，如 Uncle Mike（迈克舅

舅）、Aunt Anny（安妮婶婶）等。

相反，中国人一直推崇尊重长辈的传统美德，体现在亲属称谓中就是中国人常使用尊称来表示敬意。例如，中国人称呼具有亲属关系的长辈时使用尊称，称呼不具有亲属关系的长辈时则采用亲属称谓语来尊称，如李叔叔、张伯伯等。

（二）英汉社交称谓文化对比

对英汉社交称谓的对比可以从以下几个方面着手.

1. 英汉普通称谓差异

所谓普通称谓，是指那些不分年龄、职业、身份，在社会交往中使用频率很高，但数量不多的通称在英语中，常见的普通称谓有 Mr.、Mrs.、Miss，Ms.、Sir、Madam 和 Lady。

Mr. 可以与姓氏或姓名连用。它是对无职称者或不了解其职称者的称呼，语气正式，表现出的人际关系不是很密切。

Mrs. 是对已婚妇女的称谓，通常要与其丈夫的姓氏或婚礼后的姓名连用。

Miss. 是对未婚女子的称谓，它要与姓氏连用，语气正式，表现出的社会关系一般。

Ms. 是一个对女性的敬称词，由 Mrs. 和 Miss. 两个词合成而来。Ms. 的产生与西方女性不喜欢公开婚姻状况有很大的关系因此，对于婚姻状况不明的女性可以用 Ms.。

Sir（先生、阁下）和 Madam（夫人、女士、太太、小姐）是一组对应的敬称语，通常泛指男性、女性的社会人士，一般不与姓氏连用，且较为正式，表达的人际关系不亲密。

Lady 也是一个对女性使用的称谓语，较为文雅，意为“贵妇”“淑女”。

汉语中常见的社交称谓有如下几种。

阿姨是对母辈女性的称谓。

在先生、太太、女士前面加上“姓氏”，可直接对其称谓。

大爷、伯伯、大叔、大妈等是一种泛亲属称谓，是经亲属称谓语转换而来。

2. 英汉头衔称谓差异

英汉语中都有将头衔作为职业、职务和职称等称谓的现象。

英语中的头衔称谓适用范围有限，仅限于教授、医生、博士，以及一些皇室、政界、军事界、宗教界，目的是表达对这些人的尊敬这些称谓不仅可以单独使用，还可以与姓氏连在一起使用。例如，Doctor Davis、Professor White、President Bush、Father Bright 等。

与英语相比，汉语中的头衔称谓更加复杂。在汉语中，大部分职业、职务和职称等无论大小或显赫程度，都可作为称谓语单独使用，或与姓名一起使用，如省长、市长、赵主任、孙会计、周教授、护士、教练等。在汉语中，用头衔称谓来明确显示有或大或小头衔的人是对对方的尊重，否则就有不敬之意。

3. 英汉拟亲属称谓差异

拟亲属称谓是亲属称谓语的变体，经亲属称谓语泛化而成拟亲属称谓的目的是表达对对方的醇敬在英语中，很少采用拟亲属称谓。相反，拟亲属称谓方式在中国就很常见。

在汉语中，经常看到有人称呼与自己父母年龄相当或比自己父母年龄大的人为大爷、奶奶、大伯、大妈、大娘、伯母、叔叔、阿姨等。这些称谓通常会由一些核心词构成，如爷、奶、伯、妈、娘、母、叔、婶、姨等。其中，“爷”用于敬称祖父辈且年纪与祖父相当的男性，如大爷、李大爷、张爷爷“奶奶”用于敬称祖母辈且年纪与祖母相当的已婚女性，如奶奶、老奶奶、刘奶奶。“伯”用于敬称父亲辈且年纪比父亲大的男性，如伯伯、王伯伯“娘”用于敬称母亲辈且年纪与母亲相当的已婚女性，如大娘、赵大娘“伯母”用于敬称母亲辈且年纪与母亲相当的已婚女性。“叔”用于敬称父亲辈且年纪比父亲小的男性，如叔叔、李叔叔“婶”用于敬称母亲辈且年纪比母亲小的已婚女性，如大婶（儿）、李婶（儿）。

此外，对同辈人之间也有拟兄弟姐妹的称呼例如，对非亲属关系的同辈成年男子可称“大哥”“老兄”“兄弟”“老弟”，对非亲属关系的同辈成年女子可称“大嫂”“大姐”“小妹”。

近年来，都市男女青年中还流行“哥儿们”“姐儿们”的称呼，语言活泼，显示出双方密切的关系，但在翻译这些称呼时要格外小心例如，将“这是我姐儿们”翻译成“This is my sister”就很不妥，因为这样对方会误以为两人是亲姐妹关系。对此，正确的翻译方法应该是“This is my close friend”。

二、英汉称谓的互译

（一）在属称谓文化翻译

1. 祖父母辈称谓翻译

在翻译英汉语言中祖父母辈称谓时，可以直接进行翻译。

2. 父母辈称谓翻译

对英汉语言中父母辈称谓可以直接进行翻译。

3. 兄弟辈称谓翻译

在翻译英汉语言中祖兄弟辈称谓时，可以直接进行翻译。

4. 子女辈称谓翻译

在翻译英汉语言中子女辈称谓时，可以采用直译法。

5. 孙子孙女辈称谓翻译

英汉语言中的孙子孙女辈称谓也能采用直译的方法进行翻译。

（二）社交称谓文化翻译

1. 对等翻译

翻译英汉语言中社交称谓时最常用的方法就是对等翻译。

2. 改写翻译

有时，英汉语言中的社交称谓可能是不对应的或不对等的，所以译者就要进行一定的改写，以便可以让更多的目的语读者理解和接受。

第二节　英汉节日文化对比与翻译

一、英汉节日文化对比

中西方的节日文化有着较大差异，这里主要从节日起源、节日活动及重要节日方面对它们进行比较研究。

（一）节日起源对比

中西方节日的起源存在一定的差异，西方节日以宗教为主，中国节日以时令为主，具体表述如下

1. 西方节日以宗教为主

尽管西方节日与节气有一定关系，但其更多地具有浓厚的宗教色彩。例如，1 月的主显节、2 月的圣瓦伦丁节（也称“情人节”）、4 月的复活节、5 月的耶稣升天节、8 月的圣母升天节、9 月的圣母圣诞节、11 月的万圣节、12 月的圣诞节等，这些节日都与一些宗教传说有关、

西方的一些宗教节日是经过世俗的一系列活动逐渐形成的。例如，“感恩节”（Thanksgiving Day）最初是清教徒移民北美大陆后庆祝丰收的日子，之后感恩节被华盛顿、林肯等规定为“感谢上帝恩惠”的节日，所以“感恩节”具有浓厚的宗教色彩。

2. 中国节日以时令为主

中国节日多与时令节气有关。宋朝的陈元靓在《岁时广记》中对一年中节日的记载：一年中的节日有元旦、立春、人日、上元、正月晦、中和节、二社日、寒食、清明、上巳、佛日、端午、朝节、三伏、立秋、七夕、中元、中秋、重九、小春、下元、冬至、腊日、交年节、岁除等。其中多数节日都为时令性节日：我国之所以有很多时令性节日，与我们的农业文明是分不开的。

（二）节日活动对比

中西方在庆祝节日时会组织不同的活动，西方节日活动注重交际，中国节日活动注重饮食，下面对其展开具体的对比介绍。

1. 西方节日活动注重交际

西方人在庆祝节日时会制作一些美食，如感恩节的南瓜饼（pumpkin pie）、圣诞节的火鸡（turkey）等。但其美食的种类与中国相比还是少很多的，而且食物本身及其名称也没有特别的含义，如南瓜是北美地区一种极为常见的植物，美国人吃火鸡也只是因为当时北美是火鸡栖息地当然也有例外的情况，如在复活节，由于兔子和彩蛋是复活节最典型的象征，所以在复活节时，美国所有的糖果店都会出售用巧克力制成的复活节小兔子和彩蛋。

与中国节日活动相比，西方的节日活动更注重交往和欢乐。例如，英国北部、苏格兰等地的人们在庆祝复活节时会参加玩滚彩蛋比赛人们将煮好的彩色鸡蛋做上记号，并将其从斜坡上滚下，谁的蛋先破就被别人吃掉，谁就认输彩蛋完好无损就胜利，并象征着有好运。在节日活动中，重要的是人们收获了快乐，而不是比赛的胜负。

2. 中国节日活动注重饮食

中国人庆祝节日通常以饮食为中心，多以家庭为单位开展中国自古就有“每逢佳节倍思亲”之说，因此在逢年过节之时有回家团圆的传统在中国的春节、元宵节和中秋节等传统的节日中，为了表达人们期盼家人团圆之意，人们所吃的食物多是圆形的，如春节的汤圆、元宵节的元宵、中秋的月饼。逢年过节，特别是春节，人们即便是在千里之外，也要回家与家人团聚。一般情况下，春节拜年多在家族中进行。即使是一些集体娱乐性的节日，如元宵节、端午节，人们也习惯同家人一起参加，很少独自前往，明显具有中国传统以“家”为中心的群体组织文化特色。

中国传统节日中的饮食往往具有丰富的寓意和内涵。人们想通过饮食传达一种祝福、祈愿以及对自然和对天地万物的感激。例如，冬至时，人们有吃馄饨的习俗，因为该时节正是阴阳交替、阳气发生之时，暗喻祖先开混沌而创天地之意，表达对祖先的缅怀与感激之情。

（三）重要节日对比

无论西方国家还是中国，都有很多传统节日。下面对其中几个重要节日习俗进行对比，包括西方的圣诞节与中国的春节、西方的万圣节与中国的清明节、西方的愚人节与中国的中秋节。

1. 圣诞节与春节

圣诞节和春节分别是西方和中国的两个重要节日，它们的共同之处是都突显了家庭大团圆而营造的欢乐、祥和的氛围。西方传统的圣诞节具有浓厚的宗教色彩，而中国的春节通常会伴随着各种节日活动，举家同庆新年的快乐。下面分别论述两方圣诞节和中国春节的节日习俗。

（1）圣诞节

对西方人而言，圣诞节是一年中最重要的节日。在美国，很多人从平安夜（Christmas Eve）开始就筹备整个节日，直到1月6日的“主显节”（Epiphany），这段时间称为“圣诞节节期”（Christmas Tide）。在英国，按照当地的习俗，圣诞节后会连续欢宴12日，这段时间统称为“圣诞季节”（Yuletide）。人们在这期间一般不劳动，直到1月7日的圣帕特里克节（St.Distaff’s Day）才开始从娱乐的节日气氛中走出来西方很多国家都特别注重这个节日，并把它和新年连在一起，庆祝活动的热闹与隆重程度大大超过了新年，成为一个全民的节日。与中国人过春节一样，西方人在庆祝圣诞节时也注重家人的团圆，人们围坐在圣诞树下，全家共享节日美餐，吃火鸡，并齐唱圣诞歌，祈求幸福。

（2）春节

春节是辞旧迎新之际。一些春节的习俗活动一进入腊月就开始了，有民谣可反映春节期间的准备和忙碌：“腊月二十一，不许穿脏衣；腊月二十三，脏土往外搬；腊月二十五，扫房撣尘土；腊月二十七，里外全都洗；腊月二十八，家具擦一擦；腊月二十九，杂物全没有。”从腊月二十三的祭灶“过小年”开始，家家户户开始打扫房屋庭院，并谓之“扫尘”。因“尘”与“陈”谐音，新春扫尘寓意“除尘（陈）布新”，也就是要把一切穷运、晦气统统扫出门这一习俗寄托着人们破旧立新的愿望和辞旧迎新的祈求。此外，还有张贴春联，张挂红彤彤的灯笼的习俗。

春节也是与家人团聚的时刻，这是中华民族长期以来不变的传统习惯，在外的游子都争取在大年夜之前赶回家与家人团聚，吃团圆饭。团圆饭又叫“年夜饭”，即全家人聚齐进餐，济济一堂，有吉祥和谐的寓意。

中国人在吃团圆饭时对讲话是特别有讲究的，要多说吉利话，如“好”“发”“多”“余”等，忌讳说晦气的话，如“没了”“少了”等。鱼是团圆饭中必不可少的一道菜，预示着年年有“余”（鱼）另外，除夕之夜北方人会吃“更年饺子”，南方人则吃年糕，预示一年比一年高。

除夕之夜，全家老少会围坐在一起聊天、看电视，旧称“守岁”，共同迎接新年的到来。

此外，在春节期间，中国人不仅重视与在世亲友间的团聚，还很注重与祖先的团聚。因此，每逢除夕，人们都到墓地举行一些习俗活动，如烧香、烧纸、放鞭炮等，寓意请祖先回家过年，与家人团圆。

从初一直到正月十五，人们都会沉浸在过年的欢乐气氛中，并伴随一系列习俗活动，如分发压岁钱、拜年、走亲访友等，共同祝愿亲戚朋友在新的一年里吉祥如意。此外，不同地区庆祝新年的活动也会有所差异，如逛花市、耍龙灯、赏灯会、舞狮子等习俗。

2. 万圣节与清明节

（1）万圣节

万圣节源于古代凯尔特民族（Celtic）的新年节庆，也是祭祀亡魂的时刻，在避免恶灵干扰的同时，以食物祭拜祖灵及善灵以祈平安度过寒冬在庆祝万圣节时，西方人会举行一系列的庆祝活动。

万圣节前夜，人们会尽情地装扮自己，尽情地作怪，无须在意他人异样的眼光。孩子们会穿上化装服，戴上面具，到处搞恶作剧。有的孩子还会挨家挨户去“乞讨”，当主人打开门时，孩子们就高喊：trick or treat（捉弄或款待）如果主人回答 treat，并给孩子一些糖果、水果等，孩子们会开心地离开；如果主人拒绝招待的话，那就会被这些孩子捉弄，他们会在主人家的玻璃窗上到处乱画。

另外，很多公共场合会做各种装饰，如各种鬼怪、骷髅、稻草人、南瓜灯等，家家户户举办化装舞会，并摆上各种水果及食物供鬼魂食用，避免其伤害人类及其他动物，最热闹的习俗活动要数万圣节大游行，人们随意地在游行中拍照，尽情地享受特别而美好的一天，实现人与自然的和谐共处。

（2）清明节

中国的清明节有重要的纪念功效，可以传达对逝者的缅怀与悼念之情每逢清明，人们都要回乡祭祖，清明扫墓、追祭先人，这一习俗由来已久，人们会进行简单的祭祀活动，如清除杂草、添加新土、准备祭品、烧纸钱、放鞭炮等，用以传达对先人的怀念与敬仰，这也是对生命的崇尚与热爱。

除了扫墓，清明节还有插柳、戴柳的习俗，起初人们是为了纪念“教民稼墙”的农事祖师神农氏，而后由于柳的旺盛生命力和强大的环境适应能力，逐渐被赋予了长寿的寓意，人们通过清明插柳来寄予希望长寿、趋吉避凶的愿望。

二、英汉节日的互译

（一）直译法

为了更好地传播中西方文化，让异国读者也能感受本民族的特色，可以采用直译法。例如：

April Fools’ Day 愚人节

Mother’s Day 母亲节

Father’s Day 父亲节

Thanksgiving Day 感恩节

Boxing Dav 礼盒节

（二）意译法

有时，直译也无法忠实地再现本族的民俗文化时，就可以考虑采用意译法，例如：

New Year's Day 元旦

Valentine's Day 情人节

Guy Fawkes Day 烟火节

Halloween 万圣节

Christmas Day 圣诞节

守岁 waking up on New Year

发压岁钱 money for children as a New Year gift

正月初一 the firs day of the lunar month

拜年 paying a New Year call

门神财神 pictures of the god of doors and wealth

粽子 sticky rice dumplings

第三节　英汉习语文化对比与翻译

习语是某一语言在长期使用过程中所形成的独特、固定的表达方式，在语言方面呈现出通俗、精辟、寓意深刻等特点。作为语言中的精华，习语不但孕育着多姿多彩的文化内容，而且反映出不同民族独有的文化特色。本节先对英汉习语文化进行对比，然后对其互译进行分析。

一、英汉习语文化对比

（一）其汉习语结构形式对比

从结构形式方面来看，英汉习语存在诸多不同。

1. 英语习语的结构形式

就英语习语而言，其结构形式的灵活性特点比较明显，可松可紧、可长可短。例如：

What one loses on the swings one gets back on the roundahmits.

失之东隅，收之桑榆。

Hair by hair you will pull out the horse's tail.

矢志不移，定能成功。

One boy is a boy，two boys half a boy，three boys no boy.

一个和尚有水吃，两个和尚挑水吃，三个和尚没水吃。

2. 汉语习语的结构形式

就汉语习语的结构形式来看，整体呈现出用词简练、结构紧凑的特点，并且大多为词组性短语。从习语的字数来看，多为两个字、三个字或四个字的结构形式当然，也有少部分字数较多的对偶性短句。例如：

踏破铁鞋无觅处，得来全不费工夫。

螳螂捕蝉，黄雀在后。

但是，这类汉语习语实属凤毛麟角。

（二）英汉习语对启程度对比

整体而言，英汉习语在对应程度方面存在对应、半对应和不对应的情况。下面就对这几种情况进行具体分析。

1. 英汉习语的对应性

虽然以英语为母语的国家和中国在思维方式、生活习惯、认知能力等方面存在着诸多差异，但是二者赖以生存的外部条件，包括地理状况、季节更迭、气候变化等，仍存在着各种共性。这种共同的认知反映在语言层面便可通过习语表达出来，英语和汉语都是如此，英语中有许多习语在字面意义、喻体形象和比喻意义方面与汉语习语存在一致性这些习语在两种语言中不仅具有相同的语义，在表达方式与结构上也高度相似，并且这种对应关系从字面意义上便一目了然，这些习语被称为“相互对应的习语”。

2. 英汉习语的半对应性

英汉两种语言属于不同的语系和不同民族的母语，不同环境下的人们在生活经历和对外部世界的看法上不可能完全一致。语言是客观事物在人们头脑中的具体反映，客观外部环境不同，对外部世界的认知也会引起习语的部分不对应。

英语习语和汉语习语都是在其文化的发展过程中，经过长期的社会实践所提炼出来的短语和短句，是文化中的精华。因此，在具体的习语表达形式上也会呈现各自特有的文化内涵。

英汉习语与其民族的文化历史渊源密切相关，并在社会、历史、心理、民俗等各类现象中得以反映英汉习语的意义兼顾字面意义和文化意义．在理解习语的同时，我们要对其意象加以转换，用合适的目的语阐释其内涵这些不完全对应的习语被人们称为“半对应的英汉习语”。

3. 英汉习语的非对应性

由于英汉两个民族之间的差异，有的事物或现象你有我无，反之亦然。在语言词汇或表达习惯上难免会出现各种各样的偏差。在英语习语中，存在大量与汉语习惯用法和汉文化特征大相径庭的习语，即“非对应的习语”。

二、英汉习语文化互译

（一）保留形象释义法

保留形象释义法就是在对英汉习语进行互译时，保留原文中的人物、事件等的原有形象，为了方便译入语读者的理解，对这些原有形象进行进一步解释的方法。

（二）变换形象意译法

变换形象意译法是指在翻译习语时，为了使译入语读者完全理解原文意思，采用不再保留原文中人物等原有形象的方法进行变换形象意译。

（三）舍弃形象意译法

舍弃形象意译法就是将原文中的人物等形象完全舍弃掉，纯粹采用意译法进行翻译。

（四）转换形象备译法

由于汉英两种语言的差异及不同的民族文化背景，习语在翻译时需要转换为译语读者所熟悉的形象。这些习语在内容和形式上都相符合，即对某一具体问题的思维方式和结果以及具体的表达形式有不谋而合的情况，两者不但有相同的隐义，而且有大体相同的形象和比喻。因此，可以使用套译以达到语义对等的效果。

第四节　英汉典故文化对比与翻译

典故可以说是对历史的浓缩，它不仅承载着过往的历史，也凝结着本民族的聪明智慧。典故折射着民族曾经的光辉历史，是民族文化的一座宝藏，对典故文化进行对比与互译，可以使不同民族的人们了解异国他乡的历史，促进世界各民族间的交流。下面就对英汉典故文化对比及其互译进行探究。

一、英汉典故文化对比

（一）英汉典故设喻方式对比

英汉典故在来源方面是基本一致的，因而各自典故的设喻方式也大体类似3概括来看，英汉典故的设喻方式通常有以下几种类型。

1. 借助地名设喻

借助地名设喻是指将特定时间或故事所涉及的地名作为喻体，用以表达一种特定的寓意或喻指例如，英语中的 meet one’s Waterloo（遭遇滑铁卢），滑铁卢是比利时的一个城镇，在这里发生的滑铁卢战役中，拿破仑率领的法军战败，后人就用此语来喻指惨遭失败。

汉语中也有这样的典故。例如，“东山再起”的典故讲的是东晋谢安退职后隐居于东山做隐士，但后来又出山任朝廷要职，此语喻指失势之后重新恢复地位、权势等。

2. 借助人物设喻

借助人物设喻是指将特定时间或故事所涉及的人物作为喻体，来表达一种特定的寓意例如，英语中有 a Herculean task（赫拉克勒斯的任务），这一典故取自古希腊神话，赫拉克勒斯是主神宙斯之子，力大无比，故被称为大力神，所以该典故用来喻指艰难的、常人难以完成的任务。又如，Shylork（夏洛克）是莎士比亚喜剧《威尼斯商人》中一位内心残忍的守财奴，经常被用来指那些既吝啬小气又手毒心狠的人。

汉语中也有许多以人物设喻的典故。例如，“孟母三迁”原本说的是孟子的母亲在孟子幼年时十分重视对邻居的选择，目的是为了给他选择一个良好的教育环境来教育他，因此曾三次迁居，后来被用来喻指选择良好的居住和教育环境对儿童教育的重要性。其他以人物设喻的汉语典故还有“成也萧何，败也萧何”“姜太公钓鱼”“王祥卧冰”等。

3. 借助事件设喻

借助事件设喻是指将特定的事件或故事作为喻体，用以表达一种特定的寓意或喻指。

汉语文化中也有很多以事件设喻的典故。例如，“负荆请罪”这一典故讲的是战国时期廉颇为自己的居功自傲、慢待蔺相如而向其负荆请罪，从而使将相友好相处，后来用该典故喻指认错赔礼。

4. 借助动植物设喻

借助动植物设喻是指将特定的事件或故事所涉及的动植物作为喻体，用以表达一种特定的寓意。

在汉语文化中，“鹬蚌相持，渔翁得利”也是以动植物设喻的典型例子，讲的是一只蚌张开壳晒太阳，鹬去琢它，被蚌壳钳住了嘴，在双方相持不下时，渔翁来了，把两个都捉住了，后人用这一典故来喻指双方相互争执，却让第三方得利。“草木皆兵”讲的是前秦苻坚领兵进攻东晋，进抵淝水流域，登寿春城瞭望，见晋军阵容严整，又远望八公山，把山上的草木都当作晋军而感到惊惧，后来被用来喻指惊慌之时的疑神疑鬼。类似的典故还有“狐死首丘”等。

（二）英汉典故文化渊源对比

英语与汉语中的很多典故都从神话传说、历史故事、寓言故事、宗教信仰、文学作品及风俗习惯中汲取营养，创造了很多脍炙人口的典故。此外，还有一部分英语典故来自影视作品、体育运动或社会生活下面就对两种文化下的典故文化渊源进行对比分析。

1. 英语典故的文化渊源

英语典故的文化渊源主要包括以下几个方面。

（1）历史事件

英国虽然是一个历史悠久的国家，但只有少数反映本民族故事的历史典故在英语文化中，有很多来源于欧洲众多国家历史事件的历史典故例如，draw a line in the sand（划定一个限度），plumber（管道工 / 堵塞漏洞、防止泄密人员），smoking gun（冒烟的枪 / 确凿的证据），shuttle diplomacy（穿梭外交），Tokyo Rose（东京玫瑰）等，类似的英语典故还有很多

Pyrrhic victory（皮洛士的胜利）喻指得不偿失的胜利这一典故来源于古希腊时期，伊比鲁斯（Epims）的国王皮洛士（Pyrrhus）在公元前 281 年和公元前 279 年两次率重兵渡海征战意大利，在付出了巨大的代价后取得了胜利。

Fiddle while Rome is burning：（面对罗马火灾仍弹琴作乐）喻指大难临头却依然寻欢作乐，对大事漠不关心。公元 64 年，罗马帝国首都罗马遭遇大火，而当时的罗马皇帝尼禄（Nero）却无动于衷，坐在高高的城楼上一边弹奏乐器、哼唱歌曲，一边欣赏眼前的火灾。

Gold Rush（淘金热）喻指做某事的热潮。这一典故原意是指美国历史上西部淘金时期的高峰期。

“Give me liberty or give me death.”（不自由，毋宁死）这一至今广为流传的名言出自美国独立革命领导人之一、演说家帕特里克・亨利（PatrickHenry）。1775 年，在弗吉尼亚第二届革命大会上，帕特里克・亨利在发表演说时提出了这一名言，号召北美殖民地人民团结起来反抗英国统治，并预言战争即将爆发。

Fifth column（第五纵队）喻指渗透入敌人内部并暗中进行破坏和里应外合的间谍或内奸该典故源自西班牙内战，当时佛朗哥的莫拉将军声称，他有四支纵队从四面八方包围马德里，而“第五纵队”则在城内与其策应。

“The only thing we have to fear is fear it self.”（我们唯一不得不感到恐惧的就是恐惧本身。)这句人们经常引用的名言出自富兰克林·罗斯福总统在 1933 年 3 月 4 日的就职演说。当时，美国正遭遇着经济大萧条，处于严重困难时期，罗斯福在就职演讲上希望全国人民能够镇定自若，在危急时刻支持政府。

（2）古代经典

英语文化中有许多典故来自古代的经典作品，特别是古希腊和古罗马神话，还包括各种民间传说、寓言故事及各个时期著名文学戏剧大师的经典作品。西方的寓言故事对英语典故的产生具有重要影响。例如，kill the goose that lays the golden eggs（杀鸡取卵）意思是牺牲将来的利益，满足眼前的需要。这一典故源自《伊索寓言》：有个人有只母鸡，能产出美丽的金蛋。他以为在它肚子里有金块，于是把它杀了，却只见它同别的母鸡是一样的。他希望得到大宗财富，却把微小的利益也失掉了。

（3）文学作品

英语中同样有很多来自文学作品的典故。例如，人们经常使用 Odyssey 喻指磨难重重的旅程或艰难的历程。在英语文化中，《奥德赛》与《伊利亚特》合称为希腊的两大史诗，相传为荷马所作，一共有 24 卷，约 12000 行。《奥德赛》一诗描述了希腊神话英雄 Odysseus 在特洛伊战争中以“特洛伊木马”攻破特洛伊城后，在海上漂流 10 年，战胜了独眼巨神，制服了女巫，经历了种种艰险，终于回到了自己的国家，夫妻团圆。

（4）体育典故

英美国家尤其是美国体育运动十分发达，有着良好的体育传统，大多数人具有运动健身习惯因此，人们通常对体育话题十分感兴趣，从而使许多体育运动的术语流行于人们的日常生活中久而久之，篮球、棒球、橄榄球、拳击等热门体育项目常用的体育术语通过转义而被广泛用于日常生活领域，并且逐渐演变为典故。例如：

carry the ball（作持球队员）喻指在某项行动或艰巨任务中承担最重要、最困难的职责。这一典故从橄榄球术语借用而来，原意是指在射门时充当持球队员。

be down and out（击倒出局）喻指经过努力而彻底失败或贫困潦倒，陷于完全无望的处境。这一典故源于拳击比赛中常用的术语，原意是指被对手击倒在地而遭淘汰。

drop back and punt（凌空踢落地反弹球）喻指放弃目前的策略，尝试采用其他办法。这一典故也源于橄榄球术语，原意是指抛球后待球落地反弹起来之后朝对方球门凌空抽射的技术动作。

hat trick（帽子戏法）喻指巧妙而利落地同时做成多件事。这一典故出自魔术，原意是指魔术师用帽子变的戏法。后来，这一魔术用语不仅用于英国板球运动，指一个板球投手连续三次击中柱门，还用于足球、曲棍球领域，指一个足球或曲棍球队员在同一场比赛中独进三球。

have two strikes against someone（二击中已有两击不中）喻指处于极其不利的境地。这一典故从棒球比赛规则借用而来，原意是指球手三击不中就必须出局退场，因此球手两击不中就很危险了。

hit/strike below the belt（击打腰带以下部位）喻指采取不正当手段攻击或对付对方以获胜。这一典故来自拳击术语，原意是指违规击打对手身上不应击打的部位。

not get to first base（尚未跑上一垒）喻指计划尚未启动，或者在计划开始实施之初就遭受挫折，或者距离成功尚需时日，甚至遥不可及这一典故源自棒球，原意是指棒球击球手没有成功地跑到第一垒。

squeeze play（挤牌）喻指迫使对方处于进退两难的境地，导致其失败而不得不付出代价的行动。这一典故来自桥牌术语，是打桥牌的一种战术，即根据敌我牌情创造条件，以紧逼对方出某张牌，从而迫使对方就范。

strik out（三击不中而出局）喻指失败。这一典故来自棒球术语，原意指击球手在比赛中三击不中就要退场。

swallow the bait，hook，line and sinker（不但吞食了鱼馆，而且连同鱼钩、鱼线和铅坠一同吞了下去）喻指被小恩小惠所诱惑而全盘、彻底地上当受骗、中圈套。这一典故源自钓鱼术语，意指有时鱼过于贪食鱼饵而将鱼钩、鱼线甚至铅坠一并都吞了下去。

play one's trump card（打出王牌）喻指在工作、经商、比赛、对抗或战争中使出绝招，采用最有把握取胜的办法。这一典故原是桥牌术语，意指关键时刻打出王牌以制胜。

"The ball is in sb.'s court."（该轮到某个球员击球了。）其喻指该轮到某人采取行动了该典故原是网球比赛常用术语。

（5）现当代经典

英语典故还经常取材于现代、当代的各类经典，包括文学、影视等。例如，Snoopy（史努比）、Tarzan（人猿泰山）、Spider-Man（蜘蛛侠）、Superman（超人）、Zoiro（佐罗）、Pinocchio（匹诺曹）、Uncle Tom（汤姆叔叔）、Black Humor（黑色幽默）、Shangri-La（香格里拉）、Angry Young Men（愤怒青年）、Sophie's choice（索菲的选择）、Never-NeverLand（永无乡）、Peck's bad boy（佩克的坏孩子）、Seven-year itch（七年之痒）、Yellow Rihbons（黄丝带）。下面介绍一些来源于当代经典的英语典故。

Dragon Lady（龙夫人）喻指因丈夫的权势而操纵大权的女人。这一典故源自连环漫画《佩里与海盗》中一个有权威的、盛气凌人的女人。

James Bmid（詹姆士·邦德）喻指有勇有谋、反应敏捷、本事高强的人。这一典故源自英国小说家伊安·弗莱明（lan Fleming）的小说及其电影中智勇双全的代号为 007 的间谍形象。

Mickey Mouse（米老鼠）常用来喻指简单的、初级的、容易的东西，或者指微不足道的东西，往往表示轻视或不满的情绪 Mickey Mouse 在 1928 年的动画片《威利号汽船》（吸 7 从 >）中问世，后来在一系列的迪士尼动画片中出现，成为沃尔特·迪士尼动画片中最著名的角色，也是迪士尼王国的关键角色。

A Clorkwork Orange（发条橙）喻指被洗脑后失去个性的人，尤其是指个性受压制、按条件反射行事的人。这一典故源自 1971 年出品的好莱坞电影 4 该电影改编自同名小说，曾获奥斯卡最佳影片奖提名。电影中描写了一伙追求享乐、没有道德观念的年轻人拉帮结派、胡作非为，闹得四邻不安，导致老一代人只好把自己锁在家里。

（6）莎翁戏剧

莎士比亚的作品也是英语典故的一个主要来源下面介绍一些莎士比亚戏剧的英语典故。

salad days（色拉岁月）喻指天真幼稚、缺乏人生经验的青少年时期。该典故源自莎士比亚的《安东尼与克里奥帕特拉》。

2. 汉语典故的文化渊源

从文化渊源进行分析，汉语典故比较常见的文化渊源主要有以下几种。

（1）历史史实

中华民族是一个历史悠久的民族，经历过多次改朝换代，而每个朝代都会发生重大的历史事件。因此，有大量反映历史事件、历史故事的典故成为汉语语言的一部分。例如，“卧薪尝胆”“负荆请罪”“四面楚歌”“闻鸡起舞”“口蜜腹剑”等，这些典故本身就是对历史事件所做的概括，“助纣为虐”“殷鉴不远”等典故则表达了人们对历史的看法和评价，具有一定的社会认识价值。下面再介绍一些源自历史史实的汉语典故。

乐不思蜀（be so ahandoned to pleasure as to forget home and duty）喻指乐而忘返，用于贬义时则指贪图享乐而忘记自己的家乡与职责。根据《三国志·蜀志·后主传》记载：三国时期，蜀汉亡国后，后主刘禅被安置于魏国的都城洛阳有一天，司马昭问刘禅是否想念西蜀，刘禅回答道：“此间乐，不思蜀。”

纸上谈兵（talk abouts tratagems only on papey—engage in idle theorizing）喻指不切实际的空谈。这一典故出自《史记·廉颇蔺相如列传》：战国时，赵国的赵括从小善于谈论兵法，于是赵王用他代廉颇为将，结果长平一战，赵军亡四十五万。

毛遂自荐（volunteer to do something/ recommend oneself for a position or task）喻指自告奋勇，自己推荐自己担任某项工作、该典故出自史书《史记·原君列传》：战国时期，秦军围攻赵国都城邯郸，平原君奉命去楚国求救，其门客毛遂自动请求与平原君一同前去到了楚国以后，平原君跟楚王谈了一上午都没有结果，于是毛遂挺身而出向楚王陈述利害，楚王才派兵去救赵国。

指鹿为马(call a deer a horse—confound right and wrong)这一典故喻指颠倒是非根据《史记·秦始皇本纪》记载：秦朝二世皇帝的时候，丞相赵高意欲造反，但是怕别的臣子不附和，于是就想先试验一下赵高把一只鹿献给二世，并说这是马秦二世笑着说：“丞相错了吧，把鹿说成马了。”问旁边的臣子，有的说是鹿，有的说是马，有的则不说话赵高事后暗中把说成鹿的人杀掉了。

庆父不死，鲁难未已（there will be no peare for a nation without getting rid of those bent on crewing internal unrest）喻指不除掉制造内乱的罪魁祸首，国家就无法得到安宁根据《左传》记载，庆父是春秋时期鲁国鲁庄公的弟弟。在鲁庄公死后，庆父为了篡权夺位，先后杀死了两个继嗣的国君，从而造成鲁国动乱不安、动荡不止。

赔了夫人又折兵（pay a double penalty for attempting to gain an unwarranted advantage）喻指想占便宜者没占到便宜反而遭受损失根据《三国演义》记载：周瑜设计将孙权的妹妹许配给刘备，准备在刘备到东吴成婚时乘机扣留以夺回荆州，结果刘备带着新婚夫人逃周瑜带兵追赶又被诸葛亮用伏兵打败。

（2）神话传说

神话传说是最古老的典故来源之一。神话传说是古人所创造的一些关于神仙、历史古代英雄的故事，往往体现着古代劳动人民对一些自然现象的天真解释，或者对社会生活的美好向住。中华民族不仅是一个历史悠久的文明古国，也是一个神话传说源远流长的国家。

汉语神话故事大多反映古代汉族人民对自然和社会生活的认识，并且每一个典故背后都有一个感人的故事。例如，“愚公移山”“牛郎织女”“嫦娥奔月”“夸父追日”“精卫填海”“女娲补天”等典故都是源自神话传说。下面再介绍一些源自神话传说的汉语典故。

八仙过海（the eight Immortals cross the ocean—each displays their own talent or skill to see who is the best）这一典故来自道教传说，其寓意是各自有一套办法，或各显其能，互相竞赛八仙是指张果老、汉钟离、铁拐李、吕洞宾、韩湘子、曹国舅、蓝采和、何仙姑。根据明代的《八仙过海》记载，相传八仙过海时不用舟船，而是使用各自的一套法术，各使手段、各显神通地过海。

画龙点睛（bring a picture of a dragon to life by putting pupils into its eyes）这一典故喻指在作文或言谈时，在关键之处加上精辟的同句点明要旨，从而使之更加精辟传神、生动有力。根据唐朝张彦远《历代名画记》记载：传说梁代张僧繇在金陵安乐寺壁画了四条龙，却不给龙点眼睛，说如果点了眼睛，龙就会飞掉别人不相信，偏叫他点上，结果，张僧繇刚给其中两条点上眼睛，便雷声大作，震破墙壁，这两条龙乘云上天，只剩下没点眼睛的两条龙。

（3）民间习俗。

风俗习惯是指社会上长期形成的风尚、礼节、习惯的总和构成了民间的风俗，是社会文化的重要组成部分，是促使语言不断丰富和发展的源泉，也是典故产生的来源之一。比如，汉语中的“各人自扫门前雪，休管他人瓦上霜”这一典故源自人们的生活习惯在冬天下雪的时候，各家各户为了行走方便，各自清扫自己庭院中或门前的积雪，该典故现在常用来指各自为政，只考虑自己的利益而不顾他人或集体利益的行为。汉语中的典故“半斤八两”源自中国习惯使用的“斤”这一计算单位，整个成语表示一半对一半下面再介绍一些源于民间习俗的汉语典故。

下马威（severity shown by an official on assuming offire—show off strength at first contact）泛指一开始就给以颜色，给对方一点厉害，或者向对方显示威力在封建社会的官场中，新官上任后的普遍做法是刚一上任就要严厉处罚一批属吏，以此显示自己的威风，从而收到敲山震虎之效。

米兰赠芍（present peony to the other for orchid given by him or her between a couple of lovers）喻指彼此表示相爱之情芍是指芍药，是一种香草古代男女青年你采兰花给我，我回赠芍药于你，以表示爱意。

三茶六礼（complete ritual in a decent wedding）喻指礼仪完备、明媒正娶其中，三茶指我国旧时娶妻多用茶作为聘礼的习俗，六礼指纳彩、问名、纳与、纳征、请期、迎亲这六项娶亲礼仪。

民以食为天（hunger breed disroiitentment—enjoying delicious food is of the prime importanfe）意思是以粮食为生存的根本。这是由于长期的生产、生活使中国人深刻地意识到粮食对人类生存的重要性现代的餐饮业又赋予这一典故另一种新意，即享受美食乃人生首要乐事。

（4）古典文献

有一些汉语典故是从古典文献（包括史学、哲学、文学书籍与作品）中的经典名言名句里抽取、提炼、演化而来，是人们为了方便使用而概括出来的、例如，出自《三国演义》的“三顾茅庐”“过五关斩六将”等，出自《红楼梦》的“林黛玉”，出自《水浒传》的“梁山好汉”，出自《西游记》的“唐僧肉”，出自《吕氏春秋·明理》的“罄竹难书”，出自杜甫诗句的“射人先射马，擒贼先擒王”，下面再介绍一些源自古典文献的汉语典故。

兔死狗烹（kill the trusted aides once they have outlived their usefulness）比喻事情成功之后，把效力有功的人抛弃或杀掉，多指统治者在成功后杀掉功臣该典故出自《史记·越王勾践世家》：“范蠡遂去，自齐遗大夫种书曰：‘飞鸟尽，良弓藏；狡兔死，走狗烹’。越王为人长颈鸟喙，可与共患难，不可与共乐。子何不去？”

鞭长莫及（beyond the reach of one’s power or authority）比喻力量还达不到这一典故出ft《左传·宣公十五年》：“古人有言曰：虽鞭之长不及马腹。”

名落孙山（fall behind Sun Shan—fail in an examination or acompetition）用以婉言应考未中这一典故出自宋代范公偁《过庭录》：宋朝孙山考中了末一名，有人向他打听自己的儿子是否考中，孙山便回答道“解名尽处是孙山，贤郎更在孙山外”。

皮之不存，毛将焉附（with the skin gone，what can the hair adhere to—thing cannot exist without its basis）喻指事物没有基础就不能存在这一典故出自《左传·僖公十四年》：“皮之不存，毛将安傅？”

逃之夭夭（make one’s get away）原本是形容桃树枝叶繁茂，由于“桃”与“逃”同音，后来人们用这一典故喻指逃跑、溜走，是一种诙谐的说法这一典故出自《诗经·周南·桃夭》：“桃之夭夭，灼灼其华。”

二、英汉典故文化互译

（一）直译加达法

对于一些英语典故，如果仅采用直译的方法很难使我国读者完全理解其中的寓意如果改为意译，又很难做到保持原有的形象和风格这时就可以采用直译加注法来对其进行翻译，这不仅可以保持其原有的形象和风格，还可让读者理解其潜在的意义。

（二）直译联想法

在英汉两种语言中，有许多典故的含义或比喻意义基本相同，但表达方法存在很大的差异，这是由于以英语为母语的国家和中国的文化差异造成的对于这种情况，就可以使用直译联想法进行处理。所谓直译联想法，是指直译原文而得出的译文容易使译文读者联想到自己所熟悉的典故。

（三）意译改造法

英汉文化中有许多在形象和风格方面存在差别的典故，它们的意义大致相同，所以翻译时，只需略加改造即可达意，还可以避免改变原文典故的结构和习惯。

（四）等值互借法

对于英汉文化中一些在意义、形象或风格上都比较相似或近似的典故，就可以采取等值互借法。例如，wall shave ears 可以借助汉语谚语译成“隔墙有耳”，既忠实于原义、原有形象及风格，又符合汉语的谚语结构和习惯这样的例子还有很多，如下所述。

Great minds think alike.

英雄所见略同。

Like father，like son.

有其父必有其子。

第十章 英语翻译中的跨文化意识研究

翻译作为一种跨文化交际行为，不仅是两种语言符号之间的转换，更是两种文化之间的信息传递。文化与翻译有着密切的关系，因此，应正确处理好翻译教学中的文化问题，注重在翻译教学中培养学生的跨文化意识。探讨如何拓展翻译教学中的跨文化意识的培养途径与方法具有重要的现实意义。

第一节 跨文化语篇与跨文化转换策略

翻译活动以前一直被看作是纯粹的语言之间的转换活动，但自20世纪90年代翻译研究实现了文化转向以来，翻译越来越多地被看成是一种跨文化的活动。我们知道，语言是文化的载体，文化是语言滋生的土壤。语言在其形成和发展过程中，深深地烙印在社会生活各个侧面，反映和折射着某一独特的文化现象。因此翻译与文化有着密切的联系，研究翻译必然要研究相关的文化。然而，翻译作为特定语境下的跨文化交际活动，并不涉及某一文化整体的所有方面。

正如浙江大学许力生教授所指出的那样，讨论翻译问题应找到语言和文化的结合点——话语。特定的跨文化翻译通常并不涉及整体文化的所有方面，而只涉及相关的话语系统和话语社团。基于“话语系统”、“话语社团”的概念和理论，许教授认为语言之间的翻译实际上应该进一步划分为“话语内翻译”与“跨话语翻译”。他认为，表面上不同的语言体系或语言社团之间并不是彼此孤立、毫无联系的，而是有所重叠和交叉，即不同的语言体系或语言社团中包含有相同或相似的话语体系或话语社团。换句话说，使用某一语言的某些人可能会与使用另一语言的某些人属于同一个话语体系或社团，因而这些人之间的交流就是同一话语内的交流，比较容易做到相互理解。他们之间交流的障碍主要产生于各自语言之间的差异。而对于那些不属于同一语言社团，又不属于同一话语社团的人们来说，交流不但会碰到语言上的障碍，而且还会因为话语体系或社团的不同遭遇更大的困难。他们之间的交流就较为复杂，理解上的障碍也更多。同一话语社团内的交流与不同话语社团间的交流所存在的差异，必然对其产生深刻的影响，并因此呈现不同的特征。这种观点为我们进行语篇分析和语篇翻译方法的选择提供了一个比较新的视角。“话语翻译”的提出，改变了我们把所有的翻译都笼而统之地认为是跨文化的翻译的观点，也为我们采用何种翻译策略提供了思路。对于同一话语社团不同语言之间的翻译，一般以直译为主；而对于不同话语社团的不同语言之间的翻译，一般则以意译为主。文化的差异一般是存在于不同话语社团之间的。当然，“话语翻译”要建立在语篇分析的基础上。

语篇模式实质上就是人们在特定文化的具体语境中使用语言完成其交际任务的习惯性方式和程序。从根本上讲，语篇的构建方式与所使用的语言没有必然的联系，尽管同一语篇模式在不同的语言中的实现可能会有一些差异。决定语篇构建方式的主要因素是文化，即基本文化观念与价值，包括如何看待外部客观世界以及人与外部世界的关系，如何看待个人与社会之间、人与人之间的关系等等。这些决定文化基本特质的东西在很大程度上决定着人们会构建出什么样的语篇来。我们可以说，语篇的不同与人们对语言的使用，即话语密切相关，而与使用的语言之间的差异并无本质上的联系。因此一些用不同语言表达的语篇之间的相似之处可能明显大于用同一语言表达的语篇之间的相似之处；某些同一语言语篇之间的差异也可能大于不同语言语篇之间的差异。例如，有些汉语语篇可能跟某些英语语篇有更多的相似之处，而同样是英语语篇或汉语语篇，有些语篇各自内部之间的差异也许还可能会大于与另一种语言语篇的差异。

由此看来，对于那些不属于同一语言社团，但属于同一话语体系或话语社团的话语内语篇翻译，由于牵涉到的文化差异相对较少，在翻译时可更多地采取直译或异化翻译的方法；对于那些既不属于同一语言社团，又不属于同一话语体系或话语社团的跨话语语篇翻译，可能要采用意译或归化的翻译方法，以解决不同话语社团之间的文化差异问题，才能成功实现跨文化交流的目的。

翻译不仅是语言符号间的转换，更确切地说是文化符号间的转换。各民族文化间的共性使转换成为可能，文化的差异使转换不可能完美甚至可能成为一定程度上的障碍。文化的个性会形成文化差异的鸿沟，译者的使命就是架设跨越鸿沟的桥梁。

无论英语还是汉语中，都有许多具有浓郁文化特色的词语，特别是在许多成语、谚语、俚语、方言、颜色词、动物名词、人名、地名中，文化内涵十分丰富，翻译这样的词语，应该掌握的一个原则是：一方面要尽可能传达源语的文化特色，另一方面又不逾越译入语文化和译入语读者可接受的限度，具体来讲，翻译这些文化内涵丰富的词语有三种策略。

第一，移植法 / 直译法。就是在译入语中保留原文的形象化语言即文化意象。保留住原文的形象化语言，就等于为读者保留下了解异域文化的机会。同时，新形象的引入，有利于提高译入语文化对异域文化的解释和消化能力，成为译入语的“新鲜血液”，但表达时切忌生搬硬套。例如：将英语的“armed to the teeth”译为“武装到牙齿”；将汉语的“路遥知 马力，日久见人心”译成“ A long road tests a horse’s strength and a long task proves a man’s heart”。

第二，借用法。就是借用译入语现成的俗语来传译原文中的俗语。有两种情况：1）源语中的表达方式在意思和形象上 同译入语的表达方式相似。例如：将英语成语“go trough fire and water”译成“赴汤蹈火”；将汉语成语“英雄所见略同”译成“Great minds think alike”。2）源语中有许多表达方式尽 管在译入语中找不到“形同意同”的对等表达方式，但却可以找到“形异而意同”的表达方式。例如：将英语成语 “leave no stone unturned”译成“千方百计”；但在译“形似而意不似”的习惯说法时，要避免望文生义。例如：不能将“pull one’s leg”（跟某人开 玩笑，取笑某人）译为“拖后腿”，或将“eat one’s wonls”（收回前言，承认错误）译为“食言”。

第三，意译法。由于英汉语言文化的差异，有些文化内涵 丰富的表达方式，既不能采取移植法/直译法，也难以采用借用法，只能采取意译法。例如：将汉语成语“粗枝大叶”译为 “to be crude and careless”，而不是译为 “with big branches and large leaves”；将英语 u It was another one of those catch - situations. You’re damned if you do and you’re damned if you don’t.”翻译成“这真是又一个左右为难的尴尬局面，做也倒霉，不做也倒霉”。

需要注意的是，语言的文化内涵并不总是一成不变的，随着时间的推移，有些文化内涵丰富的表达方式渐渐演变成了一般性词语，译时用意译法即可。如对“tribal war dances”的翻译，如果译成“跳着原始部落出战前跳的舞”，现代人可能觉得有点不太懂，还不如译成“狂欢乱舞”更易被人们接受。

第二节　翻译中的跨文化意识

文化是翻译过程中必然会面临也可能是最难的问题之一。成功的翻译绝不仅仅是掌握了语法、词汇等语言基础知识后就能做到的。翻译的最基本任务不是语言的转换而是信息和内容的传达。由于文化与语言密不可分，作为跨文化交际的桥梁，翻译活动不仅是语言文字的转换活动，更是不同文化间的相互沟通和移植活动，翻译所涉及的不仅是两种语言，更涉及两种文化。文化之间的差异是普遍存在的，缺乏跨文化意识必然会引起文化误解，甚至文化冲突，导致跨文化交际不能顺利进行。这就要求译者不仅必须掌握两种语言，还必须熟悉两种文化。简而言之，跨文化意识是译者必须要培养的素质之一，如何在翻译教学中培养跨文化意识值得深入研究。

翻译离不开语言的转换，但远比单纯的语言转换要复杂。其中一个重要的原因就是语言反映文化，而且受文化的制约。由于具有民族、地域、时代的特性，因此不同文化的沟通自然离不开翻译，因为语言文字是文化的最重要的载体。可见，文化及其交流是翻译发生的本源，翻译是文化交流的产物。要成功地进行语言转换，不但要熟悉两种语言，还必须熟悉两种语言所代表的文化，并在进行语言转换的同时传达源语文化信息。王佐良先生曾经说：“翻译者必须是一个真正意义上的文化人。”对于具有一定外语功底的译者来说，翻译中的最大困难往往不是语言本身，而是语言所承载的文化意蕴。因此，积累掌握文化知识，了解背景知识对翻译者来说是十分重要和必要的，它对保证译文质量、促使译作忠实、准确地再现原作的思想内容和精神风貌等助益匪浅。

目前，翻译被认为是一种跨文化交际行为。跨文化交际，指的是不同文化的交际双方以语言为媒介，通过“信息源—编码—信息传递—解码—反馈”等环节所构成的一个双向信息交换的动态连续过程。在这个过程中，信息在一种文化背景下进行编码，而在另一种文化背景下进行解码，译者作为跨文化意识的载体在信息传递中起着桥梁作用，是文化传播者。跨文化交际大致采取两种形式：语言交际和非语言交际。语言交际又有话语交际和书面语交际两种。口译属于跨文化话语交际，笔译属于跨文化书面语交际。跨文化交际的研究有助于国际交流与合作的顺利进行，因为其研究的主要内容是“不同文化背景的人们在交际中产生的问题以及如何解决这些问题”，研究的目的在于提高人们对于不同文化间的差异的敏感性，从而能够适应在不同的文化环境中，与不同文化背景的人们进行正常交流。这种对于不同文化间的差异的敏感性，就是跨文化意识。也有人称之为“跨文化的敏悟”或“文化敏感性”。换言之，跨文化意识是指外语学习者对于其所学的外语文化具有较好的知识掌握和较强的适应能力与交际能力，能像译入语读者的思维一样思考问题并做出反应以及进行各种交往活动。具有良好的跨文化意识意味着外语学习者能自觉地消除在与外语本族人进行交往的过程中可能碰到的各种障碍，从而保证整个交际过程中的有效性。从翻译的角度看，跨文化意识则指在语际交流中译者所自觉或不自觉地形成的一种认知标准和调节方法，或者说它是指译者所持有的思维方法、判断能力，以及对文化因素的敏感性。

翻译是文化交流的重要工具，承担着帮助人类沟通思想情感、传播文化知识、促进社会文明的神圣使命。翻译不仅是一种语际转换，更是一种跨文化转换。在某种意义上语言的转换只是翻译的表层，而文化信息的传递才是翻译的实质。因此，要更深刻、更贴切地传递原文的内在信息，译者必须探明英汉双语的文化特征及其差异，并将双语的文化内涵恰当地“对接”起来，真实地再现原文的面貌。就翻译而言，文化障碍即文化差异，主要体现在历史文化、地域文化、习俗文化和宗教文化四个方面。

一、历史文化与翻译

所谓历史文化指的是由特殊的历史发展进程和社会演变所积淀的人类文明。由于各个民族和国家的社会历史发展不尽相同，有时甚至差异巨大，因而形成的历史文化也往往大相径庭。这种历史文化的差异阻碍了语际转换的信息通道。差异越大，其间的鸿沟越难逾越。作为译者，应尽量熟悉源语和译入语这两种语言所反映的两种历史文化的方方面面，意识到差距出自何处，以何种手段加以表达才能为读者所接受。若缺乏这种敏锐的意识，那么在翻译中或理解错误或表达不当就不可避免。例如：把“twist the lion’s tail”引申译成“摸老虎屁股”或“自找麻烦”实属误译，而其真正含义是“冒犯英国”或“与英国（人民或政府）为敌”，因为很久以来，英国君主一直用雄狮纹章作为英国国徽，进而英国又被称作“the British lion”（不列颠雄狮）。

再如汉语习语“一个和尚挑水吃，两个和尚抬水吃，三个和尚没水吃”源于我国古代一个家喻户晓的故事，比喻互相推诿而不负责任，注意到这一点就可避免译成："Alone a monk brings his own bucket of water to drink，two monks carry their bucket of water jointly，but when three monks are together， there is no water at all. "这样的译文是很难让外国读者领悟到 "Everybody's business is nobody's business."的含意的。

二、地域文化与翻译

地域文化，指的是由所处不同地域、自然条件和地理环境所形成的文化，主要表现在不同地区的民族对同一现象或事物采用不同的语言表达形式。如汉语"人心齐，泰山移"中的"泰山"就是特定地域的事物，喻指显赫的事物，这对一个缺少中国文化背景的外国人来说，是难以体会到该成语所要表达的意义的。再如中英两种文化中的对应词语"东风"与"eastwind"，所指意义相同，但联想意义却截然不同。中国人偏爱东风，在中国文化中"东风"象征"春天"、"温暖"，有"东风报春"之说。而英国人却讨厌东风，因为英国的东风是从欧洲大陆北部吹来的，象征"寒冷"、"令人不愉快"。英国的"报春"之风为"西风"，英国人偏爱"西风"。英伦三岛由于有北大西洋暖流经过，其所带来的西风往往温暖和煦，而从欧洲大陆北部吹来的东风却寒冷刺骨，所以英语中用西风代表"春天"，东风代表"冬天"，而这在汉民族文化中则恰恰相反。再如英国的地理环境使那里夏季也凉爽宜人，而中国大陆性气候的夏日却炙热难耐，尤其在广阔的中原及江南地带，夏日的夜晚也是热浪袭人，这也就是为什么有些读者难以理解为何莎士比亚要把谈情说爱这种浪漫情调安排在"仲夏之夜"——为何把友人比作夏日（"Shall I compare thee to a summer's day? Thou are more lovely and more temperate"）。

不同的生态环境使得不同民族对动植物的喜好也各不相同。中国是一个传统农业大国，农业是国民经济的重要基础。自古以来人们以牛耕为主，因此在中国传统文化里，耕牛自然成了勤劳的象征。人们常把那些勤勤恳恳、任劳任怨工作的人比喻为"老黄牛"，鲁迅先生曾有"俯首甘为孺子牛"的名句。与中国不同，英国古代主要依靠马耕，牛则很少干活，主要提供牛奶和肉食，因此马在英美文化中则是勤劳和吃苦耐劳的象征。所以汉语说"力大如牛"，英语则是"as strong as a horse"；汉语讲"像牛一样勤劳"，英语则是"work like a horse"。

在中国传统文化中，人们对"岁寒三友"松、竹、梅具有很高的评价，常用来比喻人类高洁正直、刚正不阿的品性。英语中的"pine"、"bamboo"、"plum blossom"则没有这样的联想意义。以竹为例，竹子是中国南方特有的一种植物，当地的人多有食笋的习惯，与此相关的比喻在汉语中时有出现，而竹子在英国比较罕见，一般人不熟悉其生长习性及与人们生活的关系。所以在把汉语中以"竹"为比喻形象的表达译成英语时，应注意考虑英语读者的接受程度。如"雨后春笋"不译成"spring up like bamboo shoots after a spring rain"，而应考虑代之以英语读者熟知且喻意相近的"spring up like mushrooms"，因为英国受其海洋气候的影响多产蘑菇。

三、习俗文化与翻译

习俗文化指的是贯穿于日常生活中的各种民俗习惯所形成的文化，不同的民族在打招呼、称谓、致谢、恭维、道歉、告别、约会等方面往往会表现出不同的民族文化规约和习俗。如英语民族的人见面时喜欢谈天气，中国人见面打招呼时常用“你去哪儿？”“干什么去？”“吃饭了吗？”这几句话并无多深的含义，只不过是礼节性的打招呼的一种方式。然而西方人往往对这几句话却很敏感和认真。“你去哪儿？”“干什么去？”在他们看来纯属自己的私事，别人不能随便打听，否则就被看作没有礼貌。他们还把“吃饭了吗？”被当成请客吃饭的一种邀请。又如，我们有“红白喜事”的说法，对于不了解中国文化习俗的英美人来说，把生儿育女、迎娶婚嫁之类的事称为“红喜”还好理解，因为英语中也把这类喜庆之日称为“red-letter day”，但将人的过世也称为“喜”，就会使他们难以接受。此外，在中国人婚礼宴会上人们常用“恭喜”二字对新郎新娘表示祝贺，但在英语文化中“Congratulations!”一词却只适于说给新郎，而不可以此向新娘道喜，因为“Congratulations!”表示几经努力终于得到某人或做成某事。对新娘说“Congratulations!”似意为“你终于不择手段找到了个丈夫”或“你终于嫁出去了”，难免让对方不悦。在中国文化中，长辈、领导或上司询问晚辈的婚姻家庭等个人问题，是表示体贴关心；但在西方，这类问题却属于个人隐私，别人无权过问。如果直译，就可能产生一些误解和文化冲突。所以毛主席的问话不可译成诸如：“Do you have a happy life?”而较得体的处理方法是化直接为间接，化具体为模糊以表达出原文的含义，可译为：“Chairman Mao talked with Chen’s wife. He was pleased to know that they had a happy home life. ”

第三节　翻译教学中译者的跨文化意识的培养

翻译课程的教学目的主要就是培养和提高学生的翻译能力。尽管英语专业的学生在初级阶段已进行了大量的英汉互译实践，但在此基础上如果只强调语言对比，并以此指导实践，则未免流于肤浅，难以激发学生的学习兴趣，也不能真正有效地培养和提高学生的翻译能力。语言学研究表明，语言不是孤立存在、自足发展的符号体系，而是与其所存在的文化系统紧密相关。虽然在语言符号的各个层次上，如词素、词、词组、句子、话语等，都已进行了比较充分的对比研究，并进而提出了一些切实可行的翻译技巧，如词类转换、减省增益、正说反译、抽词拆句等。然而，更多含有浓厚文化色彩的语言符号却是远非某种技巧能使之在译文中传达自如的。王佐良教授曾说过：“翻译者必须掌握两种语言，但是，不了解语言当中的社会文化，谁也无法真正掌握语言。”可以说，翻 译教学中只进行语言对比，而不进行社会文化对比，是无法真正搞好翻译教学的。所以我们不仅要注重训练学生的语言转换 能力，更要时刻注意培养学生对语言中所包含的文化差异的敏 感性，并针对不同的文化差异采取适当的手段加以处理。在跨文化交际中，人们倾向于借助母语的语言规则、交际习惯、文化背景及思维方式来表达思想。跨文化交际的困难在于交际双方对不同文化背景、价值观念等方面意识的缺乏。所以培养跨文化意识能够帮助译者提高对文化差异的敏感性，增强译者对文化共同之处的把握，从而促进交际双方的相互理解，使交际活动和谐、顺畅地展开。

一、跨文化意识与翻译教学

教育部颁布的《高等学校英语专业教学大纲》对教学原则做出这样的规定：在专业课程教学中要注意培养学生的跨文化交际能力。这种能力除包括正确运用语言的能力外，还包括对文化差异的敏感性、宽容性以及处理文化差异的灵活性。而翻 译教学作为以双语（如英语和汉语）的转换为主要内容的学科领域对文化传播更负有直接的责任。跨文化意识的培养对于翻译教学具有比对一般外语教学更为重要的意义。在翻译过程中，译本的可信度和被接受程度在很大程度上取决于译者的跨 文化意识，即译者对源语和译入语这两种语言在文化上的细微差异、完整性与多样性的感知。

二、翻译教学要有明确的目的性

长期以来人们一直有种错觉，认为翻译课就是要教会学生翻译，培养译员，甚至翻译家。我们不排除课堂走出翻译家，但应该清楚的是翻译教学的目的是让学生了解翻译，认识翻译，具备基本的翻译理论，为今后的发展奠定基础。教学实践证明，翻译学习者切不可期望通过一两年左右的翻译课就成为一名好的译者。可目前由于目的不明确，培养方式就发生了错位，学生则把翻译课当成了培训班，开始大量的翻译练习，期待能从翻译课上掌握一些字词的翻译，掌握几条技巧，就可以“登台献艺”了。对老师讲授的翻译过程、标准、原则以及原作、译者和译作之间的关系等毫无兴趣，他们希望走出翻译课堂就成为地地道道的译者，这显然是不切实际的。

三、课程设置方面的改革

我国高校英语专业本科独立的翻译课一般在三、四年级开设，每周开课两节，总课时往往不足 70 学时。由于翻译需要较为均衡的中英文水平，并涉及许多其他门类的知识，因此，要在如此有限的时间内对这门学科有个全面的认识，了解一定的翻译理论知识，并接受系统、正规的训练，在实际翻译能力上获得显著的提高是不现实的。迫于无奈，许多翻译教师都将本该是双向的英汉、汉英翻译课简化为单向的英—汉翻译课。即便如此，还是没有足够的课时来讲授常用的翻译技巧，更不用说将双语对比研究的范围扩大到文化因素的对比研究，并提出解决问题的办法以此提高学生的跨文化意识了。

要解决翻译教学课时不足的问题，最直接的办法就是适当增加课时，使翻译课得到与其学术重要性和实际运用重要性相对应有的重视。但据笔者所知，本科教育由于公共课所占课时比例过大等原因，要做到这一点还有很大的障碍。一个较为可行的办法是各科教师协同合作，向学生传授较为系统的文化知识，以弥补翻译课时之不足。但这涉及各科教材（精读、泛读、文学、听力等等）编写者的跨文化意识、各科教材相互协调相互配合等复杂问题，短期内实施难度较大。

四、翻译教学方法的改革

由于中英文两种语言之间的巨大差异，我国翻译课的教材和课题教学大多遵从传统的教学模式，即把重点放在语言的讲解上。从理解的角度讲，教师会帮助学生理解难懂的词语和句子结构等；从翻译技巧的角度讲，教师会着眼于句子结构和篇章逻辑的分析与转换。这样做无疑会帮助学生提高语言能力和掌握某些具体的翻译技巧，但是没有将翻译活动提升到跨文化交流以及翻译理论与翻译实践相结合的高度，难免有“一叶障目”之感，忽略了翻译的精髓。在翻译教学过程中，教师要有强烈的跨文化意识，不但要注意语言知识和翻译技巧的讲授，以及这两种语言所反映的文化背景，而且还需要培养学生具有敏锐的观察力、理解力以及灵活的表达力和创造力。为了弥补目前大多数教材没有将跨文化意识贯穿整个编写过程的不足，翻译教师在布置课外练习时一方面要让学生使用讲授过的技巧，另一方面要时时牢记翻译的最终目的是要调动并提高译者对两种语言和文化的理解和运用能力。翻译教师要力求不断改进教学方法，以新的思维、新的理论和观点去 熏陶学生，注重学生在翻译中创造能力的培养，使学生既打好 语言和翻译基础，又拓宽思路、扩大视野，使学生毕业走向工作岗位以后具有一定的创新能力。此外，在重视全译研究和能力培养的同时，还要培养学生的“变译”能力，包括编译、摘译、译述、译写、述评、综述等的能力，这是提高翻译质量、充分利用国外信息资源的必由之路。

五、培养学生尊重语言文化差异、正确处理文化因素的能力

跨文化翻译涉及异域文化，异域文化都有着自己的本质特征和不同的文化样式，因为不同的语言或文化在语言的哲学观、思维方式、词汇的文化内涵、句法特点、交往规则等方面都存在着一定的文化差异，正是这些差异决定了各民族文化的特殊性。在跨文化翻译活动中人为地夸大或缩小文化差异都是不可取的，都不利于人类文化的平等交流与发展。因此，建立文化差异的概念，尊重文化差异的存在，从多角度、多方位来认识不同文化的差异性，从差异出发，寻找人和文化的共同习俗，彼此适应，互相理解，寻求共同拥有的“话题”，走出跨文化翻译的文化误区，建立对话式的跨文化翻译模式。

“归化”与“异化”是跨文化翻译中处理文化因素的两种策略，这一直是翻译界争论的焦点。异化派主张保留源语中的异质成分，即“异国情调”、“洋汁洋味”；归化派则认为将源语中的异质成分转换成译入语中相应的表达法，即“入乡随俗”。其实，“异化”与“归化”并不矛盾，两者不应该互相排斥，双方应该是互证、互补的，它们是跨文化翻译中相辅相成、互为补充的两种策略。从功能上看，归化式翻译使读者更好地理解译文，可以更简便地达到交流的目的；异化式翻译可以更多地吸收异域文化的因素，从而丰富译入语文化。在跨文化翻译中，应该根据不同的交际目的，针对不同的读者群，采用相应的策略。在译介异域文化时，译者要注意自己的双重道德义务：一是忠实异域文化；二是要维护自己的意识形态以免给译入语文化造成不该有的侵犯。培养跨文化意识，不但可以克服民族文化自恋情结，能够借助异域文化的营养成分来构建民族本土文化，而且可以避免极端的民族中心主义，避免盲目地排斥异域文化，并可以杜绝“语言称霸”和“文化强权”等现象的滋生。

翻译教学应以文化传递为己任，培养学生的跨文化交际意识，使他们在英汉互译中排除文化差异的干扰。因此，在翻译教学过程中不能只是传授一般的翻译技巧，或只是做机械的练习，而是要教会学生从文化内涵来分析作品，理解作品，并且懂得英汉文化的差异及其语言表达上的不同，不断地向学生传播对象国社会文化背景知识，使其较系统地了解对象国哲学、历史、文学、艺术、宗教及风俗习惯、礼仪交往、衣食住行等方面的知识，提高跨文化交际意识。只有这样才能从根本上提高学生的文化欣赏与鉴别能力，提高学生的翻译能力和跨文化交际能力。

参考文献

[1] 廖国强，江丽容 . 实用英汉互译理论、技巧与实践 [M]. 北京：国防工业出版社，2011.

[2] 彭萍 . 实用语篇翻译：英汉双向 [M]. 北京：中国宇航出版社，2012.

[3] 郑惠敏 . 实用英语翻译技巧 [M]. 北京：国防工业出版社，2012.

[4] 贾柱立 . 英语翻译与导游英语 [M]. 天津：天津大学出版社，2012.

[5] 王晓农 . 汉英翻译理论与实践 [M]. 青岛：中国海洋大学出版社，2012.

[6] 郭富强 . 新英汉翻译理论与实践 [M]. 北京：机械工业出版社，2012.

[7] 王成云，闫红梅 . 汉英翻译理论与实践 [Ml. 北京：人民日报出版社，2015.

[8] 何刚强 . 笔译理论与技巧 [M]. 北京：外语教学与研究出版社，2009.

[9] 夏康明 . 汉译英理论与实践：跨文化视角下的汉英翻译研究 [M]. 成都：四川大学出版社，2014.

[10] 叶晓英，白瑞丽 . 英语翻译理论多视角探究 [M]. 北京：中国书籍出版社，2017.

[11] 李文革 . 西方翻译理论流派研究 [M]. 北京：中国社会科学出版社，2004.

[12] 司显柱，曾剑平 . 英汉互译教程 [M]. 北京：北京大学出版社，2011.

[13] 程晓堂，郑敏 . 英语学习与翻译策略 [M]. 北京：外语教学与研究出版社，2012.

[14] 张培基 . 英汉翻译教程 [M]. 上海：上海外语教育出版社，2009.

[15] 谢建国 . 英语翻译 [M]. 北京：机械工业出版社，2005.

[16] 杨丰宁 . 英汉语言比较与翻译 [M]. 天津：天津大学出版社，2006.

[17] 何江波 . 英汉翻译理论与实践教程 [M]. 长沙：湖南大学出版社，2010.

[18] 黄成洲，刘丽芸 . 英汉翻译技巧 [M]. 西安：西北工业大学出版社，2008.

[19] 钟书能 . 英汉翻译技巧 [M]. 北京：对外经济贸易大学出版社，2010.

[20] 王恩科，李昕，奉霞 . 文化视角与翻译实践 [M]. 北京：国防工业出版社，2007.